EUROPA-FACHBUCHREIHE
für wirtschaftliche Bildung

Betriebswirtschaft
für Wirtschaftsschulen

■ **10. Klasse**

B. Krause   R. Krause

2. Auflage 2014

VERLAG EUROPA-LEHRMITTEL
Nourney, Vollmer GmbH & Co. KG
Düsselberger Straße 23
42781 Haan-Gruiten

Europa-Nr.: 83029

Impressum

Autoren:

Brigitte Krause   Beraterin von klein- und mittelständischen Unternehmen
Dr. Roland Krause   Lehrkraft an der Wirtschaftsschule Gester
                  gemeinnützige Schulbetriebs-GmbH
                  Dozent in der Erwachsenenbildung

2. Auflage 2014
Druck   5   4   3   2   1

Alle Drucke derselben Auflage sind parallel einsetzbar, da sie bis auf die Behebung von Druckfehlern untereinander unverändert sind.

ISBN 978-3-8085-8302-9

© 2014 by Verlag Europa-Lehrmittel, Nourney, Vollmer GmbH & Co. KG, 42781 Haan-Gruiten
Umschlaggestaltung und Satz: Typework Layoutsatz & Grafik GmbH, 86167 Augsburg
Umschlagfoto: © James Thew – Fotolia.com
Druck: Stürtz GmbH, 97080 Würzburg

Vorwort

Das Lehrwerksprogramm **„Betriebswirtschaft für Wirtschaftsschulen"** wurde in Übereinstimmung mit dem aktuellen Lehrplan für das Fach Betriebswirtschaft an Wirtschaftsschulen in Bayern gestaltet.
Es besteht aus drei Bänden:

- Den Themenbereichen 1 – 5 für die Jahrgangsstufe 8.
- Den Themenbereichen 6 – 9 für die Jahrgangsstufe 9.
- Den Themenbereichen 10 – 13 für die Jahrgangsstufe 10.

Das vorliegende Buch **„Betriebswirtschaft für Wirtschaftsschulen, 10. Klasse"** liegt in der 2. Auflage vor.

Ergänzend enthält das Programm die dazugehörigen **Arbeitsbücher** und **Lehrermedienpakete,** welche neben Lösungseinträgen, Unterrichtsverläufen zu den Lernsituationen, zusätzlichen Prüfungsvorbereitungen und diversem Bonusmaterial auch PowerPoint-Präsentationen mit Tafelbildern für den direkten Einsatz im Unterricht enthalten.

Ziel des Lehrbuches ist es, den Schülerinnen und Schülern einen möglichst **lernmotivierenden** Einstieg in betriebswirtschaftliche Sachverhalte zu geben. Jede Lerneinheit beginnt daher mit einer nachvollziehbaren betrieblichen oder privaten Fragestellung zur Motivation und Einstimmung.

Zentrales Prinzip der inhaltlichen Darstellung ist die Nutzung der Erkenntnisse der Gehirnforschung. Eine **große Anzahl an passgenauen Abbildungen, Schaubildern sowie Mindmaps** erhöht die Anschaulichkeit und steigert damit die Merkfähigkeit.
Das **durchgängig eingesetzte Modellunternehmen** knüpft an die Lebens- und Erfahrungswelt der Schülerinnen und Schüler an und bietet zahlreiche Identifikationsmöglichkeiten.

Eine Vielzahl an handlungsorientierten Aufgaben sorgt für eine schüleraktive Erarbeitung und Festigung der Lerninhalte. Auf reine Rekapitulationsaufgaben wird verzichtet.
In Anlehnung an die **Abschlussprüfung** soll im Rahmen der zusammenfassenden Fallaufgaben am Ende eines Themenbereichs das Gelernte in betrieblichen Situationen angewendet werden.

Das Programm wird bereits seit fünf Jahren erfolgreich im Unterricht eingesetzt.

Wenn in den folgenden Texten lediglich die männliche Form (z. B. Schüler, Praktikant) verwendet wird, so dient dies einzig und allein der sprachlichen Vereinfachung.

Im Wissen, dass kein Buch vollkommen perfekt ist, bedanken sich Verlag und Autoren bereits im Voraus für weitere Anregungen und konstruktive Kritik.
Bitte schreiben Sie uns unter lektorat@europa-lehrmittel.de

Brigitte Krause und Dr. Roland Krause

Inhaltsangabe

TB 10 Unternehmensformen

Unternehmensformen

Nach Angaben des Instituts für Mittelstandsforschung in Bonn waren im Jahr 2010 417.600 Neugründungen zu verzeichnen. Der Schritt in die Selbstständigkeit wird durch Gründungszuschüsse der Regierung subventioniert. Rund ein Viertel der Neugründungen basiert auf diesen Förderungen, die das Ziel haben, Menschen aus der Arbeitslosigkeit herauszubringen.

Ein Unternehmen zu gründen ist allerdings eine Aktion, die reiflich überlegt sein will. Die Voraussetzungen, die Existenzgründer bis hin zu den notwendigen Anmeldeformalitäten beachten bzw. mitbringen müssen, werden in diesem Themenbereich einleitend dargestellt.

Zu den Vorarbeiten der angehenden Unternehmer zählt die Wahl der richtigen Rechtsform. Bei ca. 20 verschiedenen Rechtsformen, die in Deutschland möglich sind, ist es nicht ganz leicht, die richtige Wahl zu treffen, da die Auswirkungen weitreichend sind.

Am Ende dieses Moduls sind Sie in der Lage, die Vor- und Nachteile einzelner Rechtsformen zu erkennen und Ihr Wissen auf konkrete Situationen anzuwenden.

1 Unternehmensgründungen

Fridolin, der bei der Goggi Kartfun GmbH seine Ausbildung mittlerweile beendet hat, träumt davon, sein Hobby zum Beruf zu machen. Seine zweite Leidenschaft neben dem Kartsport sind das Basteln an PCs und das Erstellen von Webseiten.
In seiner Freizeit eignete er sich hierfür spezielles Know-how an und überlegt nun, ob er den Schritt in die Selbstständigkeit wagen sollte.
Er sucht Rat bei seinen Eltern. „Warum willst du dich eigentlich selbstständig machen?", fragt ihn seine Mutter. Fridolins Antwort kommt spontan: „Na, dann bin ich mein eigener Herr. Ich sage, wo es langgeht, und natürlich möchte ich auch viel Geld verdienen!"

Es gibt viele Gründe, sich selbstständig zu machen, z. B.:

→ Unabhängigkeit

→ Weg aus der Arbeitslosigkeit

→ freie Zeiteinteilung

→ „Reichtum und Ehre"

→ Verwirklichung eigener Ideen

Glaubt man jedoch den Statistiken, so existiert nach fünf Jahren nur noch die Hälfte der neu gegründeten Unternehmen. Die andere Hälfte ging in die Insolvenz oder wurde im Vorfeld wieder aufgegeben.

1.1 Voraussetzungen für Unternehmensgründungen

Fridolins Eltern wissen, dass, wenn Fridolin sich einmal etwas in den Kopf gesetzt hat, er nur schwer davon abzubringen ist. Also unterbreiten sie ihm den Vorschlag, er solle sich doch vorab einmal mit seinem Chef, Herrn Vitus, unterhalten und ihn nach seiner Meinung fragen.

Dem stimmt Fridolin gerne zu, da er sich mit Herrn Vitus sehr gut versteht und viel Wert auf seine Meinung legt. Sogleich vereinbart er für den nächsten Tag mit ihm einen Termin.
Auch die jüngste Tochter von Herrn Vitus, Maximiliane, ist bei diesem Gespräch anwesend, denn auch ihr schwirrt so ein Gedanke im Kopf herum.
Sie ist sich sicher, dass sie das Unternehmer-Gen von ihrem Vater geerbt hat.

„Das ist ja klasse! Ich wusste gar nicht, dass dich dieser Bereich so interessiert und du darin auch schon so fit bist", antwortet Herr Vitus, als er von den Plänen Fridolins hört.

„Aber weißt du genau, auf was du dich da einlässt? Das muss gut durchdacht sein. Das kann ich dir aus eigener Erfahrung sagen."

Unternehmer und auch solche, die es werden wollen, müssen im Laufe der Zeit einige Hürden nehmen. Die Gründung eines Unternehmens ist wie ein Sprung ins kalte Wasser.

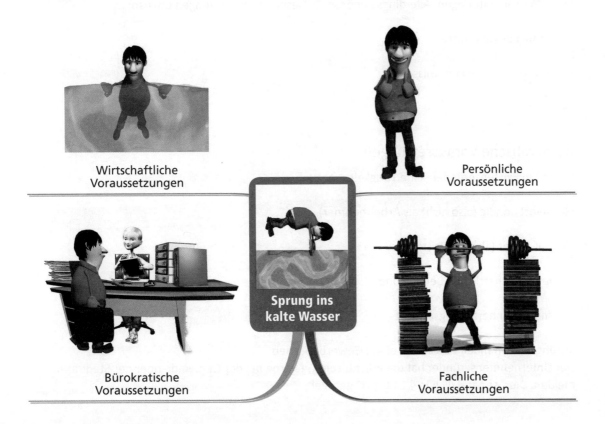

Persönliche Voraussetzungen

Die erste Voraussetzung ist die **Geschäftsfähigkeit**. Wer nur bedingt geschäftsfähig ist, benötigt die Erlaubnis der Erziehungsberechtigten, in der Regel der Eltern.

Neben dieser rein rechtlichen Voraussetzung zeichnen den erfolgreichen Unternehmer bestimmte Eigenschaften aus, wie:

→ Verantwortungsbewusstsein

→ Entscheidungsfreudigkeit

→ Belastbarkeit

→ Eigeninitiative und Engagement

→ Führungsstärke

→ Durchhaltevermögen

→ Organisationstalent

In den ersten Jahren der Selbstständigkeit ist der Aufwand, mit dem ein Unternehmen betrieben wird, extrem hoch und mit einem 8-Stunden-Tag bei Weitem nicht abgetan. Nur wer hier 110-prozentigen Einsatz bringt und sich darüber im Klaren ist, dass „Freiheit" und „sein eigener Chef sein" auch bedeuten, selbst für alles verantwortlich zu sein, der kann diesen Schritt wagen.

Fachliche Voraussetzungen

In der Regel steht hinter jeder Existenzgründung eine Idee, vielleicht sogar der Wunsch, sein Hobby zum Beruf zu machen. Somit kann man davon ausgehen, dass die meisten Existenzgründer ein fachliches Wissen mitbringen. Allerdings gehören zu diesen Voraussetzungen ebenso:

→ Branchenkenntnisse

→ kaufmännische Kenntnisse

→ usw.

Bürokratische Voraussetzungen

Wenn ein Existenzgründer seine Tätigkeit

→ selbstständig (also nicht als Arbeitnehmer),

→ auf Dauer (also langfristig),

→ im wirtschaftlichen Bereich und

→ mit Gewinnerzielungsabsicht

ausübt, dann handelt es sich um einen Gewerbebetrieb.

Der Unternehmensgründer hat die Pflicht, sein Gewerbe bei der Gemeinde oder der Stadt anzumelden. Dies ist gesetzlich in § 14 GewO geregelt.

Je nach Art des Gewerbes müssen zusätzlich Genehmigungen eingeholt werden, z. B.:

→ polizeiliches Führungszeugnis

→ Fachkundeprüfungen

→ Sachkundenachweise

→ Erlaubnis vom Gesundheitsamt

Die Gemeinde bzw. Stadt leitet die Gewerbeanmeldung automatisch an folgende Behörden weiter:

→ **Finanzamt**
Hier erhält der Gewerbetreibende seine Steuernummer und einen Fragebogen, der zur steuerlichen Erfassung dient.

→ **Industrie- und Handelskammer (IHK)**
Die Mitgliedschaft in der IHK ist, mit Ausnahme der freien Berufe und des Handwerks, Pflicht und mit Beiträgen versehen.

Des Weiteren müssen informiert werden :

→ **Arbeitsagentur**
Wer Mitarbeiter beschäftigt, benötigt eine Betriebsnummer, die bei der Agentur für Arbeit beantragt werden muss.

→ **Sozialversicherungsträger**
Auch die Sozialversicherungsträger erhalten eine Abschrift der Gewerbeanmeldung, denn der Krankenkasse des jeweiligen Mitarbeiters sind die Sozialversicherungsbeiträge zu überweisen.

→ **Berufsgenossenschaft**
Wie Sie bereits erfahren haben, ist die Berufsgenossenschaft der Träger der gesetzlichen Unfallversicherung. Durch die Gewerbeanmeldung erhält die Berufsgenossenschaft eine automatische Mitteilung durch das Gewerbeamt. Wenn Mitarbeiter beschäftigt werden, sind die Mitgliedschaft und die Versicherung über die Berufsgenossenschaft auf jeden Fall Pflicht.

→ **Amtsgericht bzw. Registergericht**
Handelsregistereintrag (dazu später mehr)

→ **Handwerkskammer (HWK)**
Erfolgt die Gründung im handwerklichen Bereich, muss sich der Gründer in die Handwerksrolle oder in das Verzeichnis der handwerksähnlichen Berufe eintragen lassen. Die Kosten der Kammerzugehörigkeit werden als Mitgliedsbeiträge an die Handwerkskammer abgeführt.

→ **Sonstige Kammern**
Freie Berufe (Ärzte, Architekten, Steuerberater usw.) sind in speziellen Kammern organisiert. Auch hier ist die Mitgliedschaft Pflicht.

Wirtschaftliche Voraussetzungen

Im Vorfeld muss der Gründer sich selbst und den Banken gegenüber die Wahrscheinlichkeit, dass das Unternehmen erfolgreich am Markt bestehen kann, schriftlich ausarbeiten.

So stellen viele Existenzgründer einen Businessplan auf. In diesem werden neben der Geschäftsidee, der Rechtsform und den Marktverhältnissen auch die geplanten Vorhaben und die dafür erforderlichen Maßnahmen dargestellt.

Grundsätzlich werden folgende Chancen und Risiken des Geschäftsmodells dargestellt:

→ Marktverhältnisse

→ Konkurrenzsituation

→ Kundengruppe

→ Standort

→ Marketingplan

→ Finanzierung

→ Mitarbeiter

→ Investitionen

→ Liquiditätsplanung

→ Ertragsvoraussicht

→ Rentabilität

→ Finanzplan

Merke: → Die Gründung eines Unternehmens hängt von vielen Prämissen ab.
Neben den **persönlichen** und **fachlichen Voraussetzungen** sind vor allem die **wirtschaftlichen Faktoren** für eine längerfristige Existenzsicherung ausschlaggebend.

→ Zu den bürokratischen Hürden bei der Unternehmensgründung zählt das Anmeldeverfahren bei den verschiedenen Behörden und Kammern wie Gemeinde bzw. Stadt, Arbeitsagentur, Sozialversicherungsträger, Berufsgenossenschaft, IHK bzw. HWK.

→ Sollte die Gründung besondere Genehmigungen und Bescheinigungen verlangen, wie beispielsweise Fachkundeprüfungen, so sind diese beizubringen.

Arbeitsaufträge:

1. Erstellen Sie auf einem DIN-A3-Plakat eine Mindmap mit den konkreten Voraussetzungen, die Fridolin für die Gründung seines Unternehmens benötigt.

2. Diskutieren Sie die Abweichungen, die bestehen, falls Fridolin vorhätte,

→ ein Waffengeschäft,

→ ein Unternehmen für die Herstellung von Babynahrung oder

→ eine Immobiliengesellschaft

zu gründen.

1.2 Handelsregister

Das Handelsregister (HR) ist ein beim Amtsgericht geführtes öffentliches Verzeichnis.
Jeder Kaufmann ist nach § 29 HGB verpflichtet, sich in das Handelsregister eintragen zu lassen.
Die Eintragung erfolgt grundsätzlich nur auf Antrag des Unternehmens.
Je nachdem, um welche Rechtsform es sich handelt, erfolgt die Eintragung entweder in die Abteilung A oder Abteilung B des Handelsregisters.

Die Eintragung erfolgt mit Unterstützung eines Notars und eines Steuerberaters und wird durch das Amtsgericht in der Tagespresse veröffentlicht.

In das Handelsregister werden eingetragen:

→ Firmenname, Firmensitz und Gegenstand des Unternehmens

→ Grund- und Stammkapital

→ Geschäftsinhaber, Gesellschafter, Geschäftsführer, Vorstand usw.

→ vertretungsberechtigte Personen, Bestellung oder Abruf der Prokura usw.

→ Rechtsverhältnis

→ Haftungsbeschränkung

→ Tag der Eintragung und Unterschrift

Je nach Rechtsform ergeben sich durch die Eintragung unterschiedliche Rechtsfolgen.

Für Unternehmen der **Abteilung A** ist die Eintragung **deklaratorisch** = rechtsbezeugend, d. h., dass die Eintragungen öffentlich bekannt gemacht werden. Die Unternehmen können bereits vor Eintragung in das Handelsregister ihre Geschäftstätigkeit aufnehmen.

Unternehmen der **Abteilung B** müssen vor der Aufnahme ihrer Geschäftstätigkeit eingetragen sein. Erst durch die Eintragung werden die Angaben des Unternehmens rechtswirksam bzw. rechtserzeugend. Man nennt dies **konstitutiv**.

Beispiel für einen Handelsregisterauszug:

Handelsregister B des Amtsgerichts Irgendwo	Abteilung B Wiedergabe des Registerinhalts Abruf vom 13.07.2014	Nummer der Firma **HRB 233509**
Ausdruck	**Seite 1 von 1**	

1. Anzahl der bisherigen Eintragungen
1

2. a) Firma
Goggi Kartfun GmbH

b) Sitz, Niederlassung, Zweigniederlassung
Nirgendwo

c) Gegenstand des Unternehmens
Herstellung von Karts und Kartmotoren

3. Grund- und Stammkapital
32.000,00 €

4. a) Allgemeine Vertragsregel
Die Gesellschaft wird durch einen Geschäftsführer vertreten.
Er vertritt die Gesellschaft alleine.

b) Vorstand, Leitungsorgan, geschäftsführende Direktoren, persönlich haftende Gesellschafter, Geschäftsführer, Vertretungsberechtigte und besondere Vertretungsbefugnisse
Einzelvertretungsberechtigt mit der Befugnis, im Namen der Gesellschaft mit sich im eigenen Namen oder als Vertreter eines Dritten Rechtsgeschäfte abzuschließen
Geschäftsführer: Herr Constantin Vitus, Nirgendwo, 11.08.1964

5. Prokura
----

6. a) Rechtsform, Beginn, Satzung oder Gesellschaftsvertrag
Gesellschaft mit beschränkter Haftung
Gesellschaftsvertrag vom 05.01.2005
Zuletzt geändert durch Beschluss vom 26.11.2005

b) Sonstige Rechtsverhältnisse
----

7. Tag der letzten Eintragung
26.11.2005

Ergeben sich im Laufe der Zeit Änderungen, weil Gesellschafter ausscheiden oder hinzukommen oder weil das Unternehmen umgezogen ist, müssen diese Daten im Handelsregister geändert werden. In der örtlichen Tagespresse wird die Aktualisierung bekannt gegeben.

Unternehmen, die der Pflicht zur Eintragung nicht nachkommen, droht ein Zwangsgeld von bis zu 5.000,00 €.

Kleingewerbetreibende können sich freiwillig in das Handelsregister eintragen lassen.
Sie werden so zu Kaufleuten und zeigen ihren Kunden, dass sie sich den kaufmännischen Regeln und Gebräuchen unterwerfen.
Dazu zählt zum Beispiel auch, dass für Kleingewerbetreibende nicht mehr die einfache Einnahmen-Überschuss-Rechnung zur Gewinnermittlung genügt, sondern sie als „Kaufmann" Handelsbücher führen, Bilanzen erstellen und Inventuren durchführen.

Arbeitsaufträge:

Handelsregisterauszüge werden in den verschiedenen Tageszeitungen veröffentlicht.

1. Recherchieren Sie in der örtlichen Tageszeitung solche Eintragungen.

2. Diskutieren Sie die Bedeutung der Veröffentlichungen von Neugründungen, Änderungen und Löschungen.

1.3 Firma

All diese Informationen muss Fridolin erst einmal sacken lassen.
Es genügt wohl nicht, einfach eine Idee zu haben. Klar hat er im BWL-Unterricht viel davon gehört, aber wenn man selbst vor diesem Schritt „Selbstständigkeit" steht, ist es dann doch etwas ganz anderes.
Herr Vitus hat Fridolin, nachdem er einige seiner Webseiten gesehen hatte, den Vorschlag gemacht, ihn auf dem Weg in die Selbstständigkeit zu unterstützen. Die ersten Vorbereitungen sind getroffen. Zusammen mit Herrn Vitus wurde ein Businessplan aufgestellt, der die Entwicklung des Unternehmens für die ersten drei Jahre darstellt bzw. prognostiziert. Und nun sitzt Fridolin vor dem Gewerbeamt und möchte sein Gewerbe anmelden.
Alle erforderlichen Unterlagen liegen fein säuberlich in einer Mappe und das Beste ist, dass er eine „echt coole" Firma gefunden hat.

§ 17 HGB:
(1) Die Firma eines Kaufmannes ist der Name, unter dem er seine Geschäfte betreibt und die Unterschrift abgibt.
(2) Ein Kaufmann kann unter seiner Firma klagen und verklagt werden.

Um dem Gründer bei der Namensfindung eine Orientierung zu geben und um die Firmen auch voneinander unterscheiden zu können, existieren **Firmengrundsätze**.

Die Grundsätze sind:

→ Firmenwahrheit und Firmenklarheit

→ Firmenbeständigkeit

→ Rechtsformzusatz

→ Firmenöffentlichkeit

→ Firmenausschließlichkeit

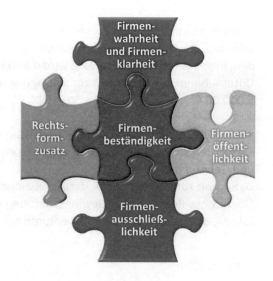

Firmenwahrheit und Firmenklarheit (§ 18 HGB)

Der Firmenname darf über die Art und den Umfang des betriebenen Geschäftes nicht hinwegtäuschen.

So muss für Außenstehende der Kern des Unternehmens, wie beispielsweise die Tätigkeit oder die Größe des Unternehmens, erkennbar sein.

Wenn Fridolin seine Firma „Fridolins Softwareinstitut" nennen möchte, würde das den Eindruck erwecken, es handelt sich um ein größeres Unternehmen. Dies führt den Verbraucher in die Irre und ist deshalb verboten.

Firmenbeständigkeit (§ 22 HGB)

Wird die Firma verkauft oder ändert sich durch den Nachfolger der Name, so kann dieser, wenn der Vorgänger dem zustimmt, beibehalten werden.

Sollte sich Maximiliane ihren Traum der Selbstständigkeit erfüllen und die Firma Modedesign Vitus gründen, so dürfte sie im Falle einer Heirat und der vielleicht folgenden Namensänderung den Namen des Unternehmens beibehalten, da die Namensänderung einen Wertverlust bedeuten könnte, weil keiner das Unternehmen unter dem neuen Namen kennt.
Gleiches gilt, wenn ein Unternehmen den Inhaber wechselt und der alte Inhaber der Namensbeibehaltung zustimmt.

Rechtsformzusatz (§ 19 HGB)

Am Zusatz der Firma muss erkennbar sein, um welche Rechtsform es sich bei dem Unternehmen handelt.

Goggi Kartfun GmbH

Firmenöffentlichkeit (§ 29 HGB)

Wie Sie bereits erfahren haben, müssen Kaufleute ihre Firma im Handelsregister eintragen lassen, damit die Öffentlichkeit über die Gründung, die Art und die Hintergründe des Unternehmens informiert wird.

Firmenausschließlichkeit (§ 30 HGB)

Die Firmenausschließlichkeit impliziert, dass sich das Unternehmen von den Unternehmen derselben Gemeinde deutlich unterscheiden muss.

Für einen Existenzgründer wie Fridolin bestehen grundsätzlich mehrere Möglichkeiten, das Unternehmen zu benennen.
Hätte Fridolin die Rechtsform UG gewählt, könnte er sich folgendermaßen nennen:

Fridolin könnte seinen Namen als Namen des Unternehmens wählen:
Personenfirma → Fridolin Azubi UG

Fridolin könnte auch als Bestandteil des Namens die Branchen- oder Gattungsbezeichnung wählen:
Sachfirma → Internetsolutions UG

Ebenfalls ist eine Kombination aus Personen- und Sachfirma denkbar:
Mischfirma → Internetsolutions Fridolin UG

Als letzte Möglichkeit könnte er einem kreativen Fantasienamen den Vorrang geben:
Fantasiefirma → Interfrido UG

Die IHK unterstützt die Existenzgründer in der Namensfindung.

Arbeitsaufträge:

1. Recherchieren Sie im Internet unter www.handelsregisterbekanntmachungen.de nach den eingetragenen Neugründungen des vergangenen Monats in Ihrer Region.

2. Erstellen Sie ein Excel-Diagramm über die Häufigkeit der gewählten Rechtsformen aus Aufgabe 1.

3. Suchen Sie Beispiele in Ihrer Region zu den unterschiedlichen Möglichkeiten der Firmenwahl.

2 Rechtsformen von Unternehmen

Den Firmennamen hat Fridolin relativ schnell gefunden. Er entscheidet sich für eine Mischfirma „Internetsolutions Fridolin". Die Wahl der Rechtsform fällt ihm weitaus schwerer.
Er diskutiert mit Maximiliane, welche Rechtsform für sein Unternehmen die beste Wahl darstellt.

Die Wahl der Rechtsform muss gut durchdacht sein, da sie **finanzielle**, **steuerliche** und **rechtliche Folgen** nach sich zieht.

Grundlage für die Wahl der Rechtsform sind die Regelungen im HGB. Demnach unterscheidet man in Einzel- und Gesellschaftsunternehmen.

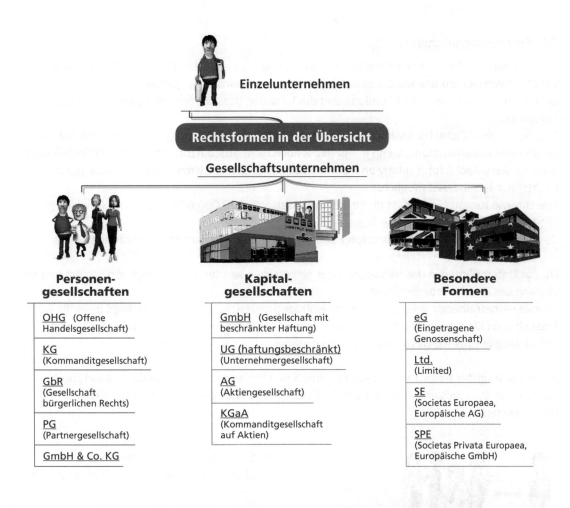

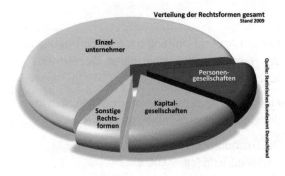

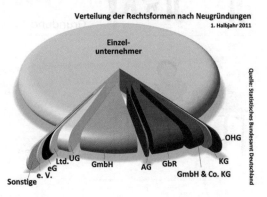

Vgl. GründerZeiten Nr. 33, aktualisierte Ausgabe Januar 2011

Sowohl im Gesamten als auch nach Neugründungen betrachtet, ist der Einzelunternehmer die beliebteste Rechtsform in Deutschland. Federführend sind weiter aufgrund der Möglichkeit der Haftungsbeschränkung die Kapitalgesellschaften und hier insbesondere die GmbH. Die UG (haftungsbeschränkt) ist eine neue Unterform der GmbH und entwickelt sich bei Existenzgründern als interessante Alternative.

2.1 Einzelunternehmen

Das Einzelunternehmen ist eine einfache und besonders gängige Rechtsform in Deutschland, die vor allem von kleinen und mittleren Betrieben bevorzugt wird. Beweggründe dafür sind sicherlich die unkomplizierte Form der Gründung und die Tatsache, dass Gründer und Eigentümer die gleiche Person sind.

Besondere gesetzliche Formvorschriften müssen nicht beachtet werden. Gerade in der Anfangsphase eines Unternehmens, wenn in der Regel noch nicht abschätzbar ist, wie es sich entwickeln wird, ist diese Rechtsform relativ unproblematisch. Eine spätere Umwandlung in eine andere Rechtsform ist jederzeit möglich.

Erleichternd kommt hinzu, dass bis zu einem Umsatz von 500.000,00 € und einem Gewinn von unter 50.000,00 € pro Jahr keine Bilanzierung erfolgen muss.

Das heißt, die Gewinnermittlung erfolgt über eine Einnahmen-Überschuss-Rechnung.

Ob das Unternehmen in das Handelsregister eingetragen werden muss, hängt von der Art und dem Umfang des Geschäftsbetriebes ab.

Kleingewerbetreibende müssen sich nicht eintragen lassen, können dies allerdings freiwillig tun. Trägt sich ein Kleingewerbetreibender nicht in das Handelsregister ein, so muss er bei seiner Geschäftstätigkeit zusätzlich zum Firmennamen immer seinen Namen angeben.

Im Handelsregister eingetragene Einzelunternehmen haben den Rechtszusatz e. K. zu führen. Rechtsfähig ist in diesem Fall die natürliche Person, sprich der Gründer, und nicht das Unternehmen.

Gründung	Der Gewerbebetrieb wird durch eine natürliche Person, den Eigentümer, gegründet.
Formalitäten	Je nach Art und Umfang hat eine Eintragung in das Handelsregister zu erfolgen. Der Firmenzusatz lautet e. K. Kleingewerbetreibenden steht es frei, sich in das Handelsregister eintragen zu lassen. Die Gründung erfolgt problemlos und kostengünstig (ca. 50,00 €).
Leitung	Die Leitung obliegt dem Eigentümer des Unternehmens. Er alleine ist berechtigt und verpflichtet, die Geschäfte zu führen. Der Einzelkaufmann hat die vollständige Handlungs- und Entscheidungsfreiheit, trägt allerdings auch das Risiko.

 Haftungsverhältnisse	Der Einzelkaufmann haftet unbeschränkt sowohl mit dem Betriebsvermögen als auch mit seinem Privatvermögen.
 Kapitalausstattung	Das Kapital muss vom Einzelunternehmer aufgebracht werden. Vorschriften für ein Mindestkapital, das eingebracht werden muss, bestehen nicht. Aufgrund der unbeschränkten Haftung ist der Einzelkaufmann in der Regel kreditwürdiger als beispielsweise Kapitalgesellschaften.
 Gewinn- und Verlustbeteiligung	Der Einzelkaufmann erhält den gesamten Gewinn, trägt allerdings auch alle Verluste.

Diese Rechtsform birgt sowohl Vor- als auch Nachteile. Fridolin stellt diese einander gegenüber.

+ Vorteile

→ Ich treffe die Entscheidungen allein und muss auf keinen Partner Rücksicht nehmen.

→ Mir steht der gesamte Gewinn zu.

→ Die Gründung erfolgt problemlos und schnell, und ich kann sofort mit meiner Geschäftstätigkeit beginnen.

→ Die Kosten für die Gründung sind gering.

→ Für die Gründung ist kein Mindestkapital notwendig.

— Nachteile

→ Ich hafte mit meinem gesamten Privatvermögen.

→ Ich alleine trage das ganze Risiko.

→ Da ich alle Entscheidungen treffen muss und für alles verantwortlich bin, stellt dies für mich eine große Belastung dar.

→ Wenn ich alleine Kapital aufbringen muss, weil ich beispielsweise mein Geschäft erweitern will, sind meine Alternativen, Kapital zu beschaffen, begrenzt.

2.2 Personengesellschaften

Für Fridolin bietet sich an, sein Unternehmen nicht alleine zu gründen.
Herr Vitus unterbreitet ihm den Vorschlag, sich am Unternehmen zu beteiligen.
Auch sein Freund Valentin hätte großes Interesse, sich mit ihm gemeinsam selbstständig zu machen.

Wenn Fridolin also zusammen mit anderen Personen ein Unternehmen gründet, dann ist die Rechtsform Einzelunternehmung bzw. Einzelkaufmann natürlich nicht möglich.

Die Gründung einer Personengesellschaft muss von mindestens zwei natürlichen oder auch juristischen Personen durchgeführt werden.
Eine **natürliche Person** ist der Mensch als Rechtssubjekt und als Träger von Rechten und Pflichten.
Personengesellschaften sind alleine nicht rechtsfähig, sondern die Gesellschafter, die als natürliche Personen dahinterstehen.
Im Gegensatz dazu sind Kapitalgesellschaften juristische Personen. Das bedeutet, dass das Unternehmen als solches rechtsfähig ist und Geschäfte tätigen kann.
Die Rechtsfähigkeit beginnt mit dem Eintrag in das Handelsregister, d. h., die Rechtsfähigkeit ist allein aufgrund der Rechtsform gegeben.

Grundsätzlich eröffnen sich durch die Beteiligung mehrerer Gesellschafter auch neue Möglichkeiten:

→ Mehrere Gesellschafter bedeuten mehr Kapital. Somit wäre man unabhängiger von fremden Geldgebern.

→ Das Risiko würde nicht alleine getragen, sondern wäre auf mehrere Schultern verteilt.

→ Jeder bringt spezielles Wissen und zusätzliche Erfahrungen mit ein.

→ Zusammen verfügt das Unternehmen über ein größeres Know-how.

Aber wie sieht es mit den Nachteilen aus? Was ist, wenn es zu Streitigkeiten kommt? Was bleibt dann vom Gewinn für den Einzelnen übrig?

Fridolin bleibt nichts anderes übrig, als die verschiedenen Formen durchzugehen und dann zu entscheiden, welche Form wohl die beste wäre.

2.2.1 Offene Handelsgesellschaft (OHG)

Die offene Handelsgesellschaft wird in der Regel von mindestens zwei Gesellschaftern durch einen Gesellschaftsvertrag gegründet. Die gesetzlichen Bestimmungen zur offenen Handelsgesellschaft finden sich in den §§ 105 – 160 HGB.

§ 105 Abs. 1 HGB
Eine Gesellschaft, deren Zweck auf den Betrieb eines Handelsgewerbes unter gemeinschaftlicher Firma gerichtet ist, ist eine offene Handelsgesellschaft, wenn bei keinem der Gesellschafter die Haftung gegenüber den Gesellschaftsgläubigern beschränkt ist.

Bezüglich des Gesellschaftsvertrages gibt es keine Formvorschriften. In der Regel empfiehlt es sich jedoch, einen schriftlichen Vertrag zu schließen.

Im Gesellschaftsvertrag werden folgende Kriterien geregelt:

→ Gegenstand der Firma

→ Einlagen der Gesellschafter

→ Recht der Geschäftsführung und Vertretungsbefugnisse

→ Gewinn- und Verlustbeteiligung der Gesellschafter

→ Möglichkeit und Form der Beendigung der Gesellschaft

→ Ausscheiden von Gesellschaftern

Werden keine besonderen Regelungen getroffen, gelten die Mindestbestimmungen §§ 110 – 122 HGB.

 Gründung	Die Gründung erfolgt durch mindestens zwei Gesellschafter und ist formfrei, wird jedoch üblicherweise schriftlich festgehalten.
 Formalitäten	Für die OHG ist der Eintrag in das Handelsregister vorgeschrieben. Bei der Wahl der Firma muss als Rechtsformzusatz OHG im Namen enthalten sein. Die Gesellschaft beginnt im Innenverhältnis mit Beschluss der Gesellschafter, im Außenverhältnis mit Beginn der Geschäftstätigkeit bzw. spätestens mit Eintrag im Handelsregister. Die Gründungskosten betragen zwischen 600,00 € und 800,00 €.

 Leitung	Jeder Gesellschafter ist für alle Handlungen, die ein Geschäftsbetrieb mit sich bringt, zur Geschäftsführung berechtigt = Einzelvertretungsmacht. Außergewöhnliche Geschäfte (Verkauf eines Grundstückes usw.) bedürfen jedoch der Zustimmung aller Gesellschafter. Per Vertrag können allerdings Gesellschafter von der Vertretungs- und Geschäftsführungsbefugnis ausgeschlossen werden. Im Außenverhältnis ist dies jedoch, zum Schutze Dritter, nicht wirksam. Schließt ein Gesellschafter einen Vertrag ab, so ist die Gesellschaft an diesen Vertrag daher auch gebunden. Für den Fall, dass dies entgegen den Bestimmungen des Gesellschaftsvertrages erfolgt, können die Gesellschafter Schadensersatz verlangen.
 Haftungsverhältnisse	Die Gesellschafter haften … → **unbeschränkt**: Sie haften sowohl mit dem Betriebs- als auch mit dem Privatvermögen. → **unmittelbar**: Die Gläubiger können sich an einzelne Gesellschafter zur Begleichung der Verbindlichkeiten wenden. → **solidarisch**: Jeder Gesellschafter haftet gesamtschuldnerisch, also für alle Schulden. Tritt ein neuer Gesellschafter in das Unternehmen ein, haftet er bereits mit dem Eintritt für alle Verbindlichkeiten des Unternehmens. Ausscheidende Gesellschafter haften noch weitere fünf Jahre für die beim Ausscheiden bestehenden Schulden des Unternehmens.
 Kapitalausstattung	Für die Gründung der OHG ist kein Mindestkapital vorgeschrieben, sondern es werden vertraglich die Höhe und die Form der Einlage festgehalten. Gesellschafter können demnach auch Sachwerte, wie Grundstücke oder Gebäude, einbringen. In diesem Fall bedarf der Gesellschaftsvertrag jedoch der notariellen Beurkundung.
 Gewinn- und Verlustbeteiligung	**Gewinn**: Jeder Gesellschafter erhält für seine Einlage eine 4-prozentige Verzinsung. Der restliche Gewinn wird nach Köpfen aufgeteilt. **Verlust**: Die Verluste werden zu gleichen Teilen von den Gesellschaftern getragen.

Kündigung oder Ausscheiden eines Gesellschafters

Wenn eine Gesellschaft nur befristet geschlossen wurde, so kann nach § 132 HGB der Gesellschafter mit einer sechsmonatigen Kündigungsfrist zum Geschäftsjahresende kündigen. In diesem Fall wird, soweit vertraglich nichts anderes vereinbart wurde, die Gesellschaft aufgelöst.

Auflösung der OHG

Folgende Gründe führen zur Beendigung einer Gesellschaft:

→ Ablauf der Zeit, für die der Gesellschaftsvertrag gültig ist

→ Beschluss der Gesellschafter

→ Tod eines Gesellschafters

→ Eröffnung des Insolvenzverfahrens über das Vermögen der Gesellschaft oder eines
   Gesellschafters

╋ Vorteile der OHG

→ Die freie Gestaltung des
   Gesellschaftsvertrages eröffnet für alle
   Gesellschafter gute Möglichkeiten, ihre
   Wünsche einzubringen.

→ Bei der Unternehmensführung kann man,
   je nach vertraglicher Gestaltung, flexibel
   reagieren.

→ Banken stufen die OHG als kreditwürdig
   ein, da mehrere Vollhafter vorhanden
   sind und das Kreditinstitut auf mehr
   Sicherheiten zurückgreifen kann.

→ usw.

━ Nachteile der OHG

→ Volle Haftung aller Gesellschafter

→ Hoher Vertrauensvorschuss notwendig

→ Probleme bei Streitigkeiten

→ usw.

Wäre diese Unternehmensform für Fridolin interessant und gewinnbringend?
Wie sieht das noch einmal mit der Gewinnverteilung aus?
Er kann sicherlich 15.000,00 € einbringen.
Herr Vitus ließ bereits verlauten, dass er sich mit 20.000,00 € beteiligen würde.
Ja, und Valentin könnte ja auch noch einmal 10.500,00 € locker machen.
Im Businessplan, den Fridolin mit Herrn Vitus aufgestellt hat, sind sie von einem Gewinn im
ersten Jahr von 32.000,00 € ausgegangen.
Demzufolge bedeutet dies für die Gewinnausschüttung:

	Kapitaleinlage	4 % der Kapitaleinlage	Restgewinn pro Person	Gewinnausschüttung gesamt
Fridolin	15.000,00 €	600,00 €	10.060,00 €	10.660,00 €
Herr Vitus	20.000,00 €	800,00 €	10.060,00 €	10.860,00 €
Valentin	10.500,00 €	420,00 €	10.060,00 €	10.480,00 €
Summe		1.820,00 €	30.180,00 €	32.000,00 €

Aufgaben

Herr Barsch (58 Jahre, verheiratet und kinderlos) ist seit dem 07.01.1985 selbstständig.
Er gilt unter der Firma Barsch Windkraft e. K. auf dem Energiesektor in seinem Wohnort als Pionier bei Windkraftanlagen.
Dieser Markt durchlebte in den vergangenen zehn Jahren eine starke Veränderung.
Die Windkraftanlagen werden immer größer dimensioniert und damit steigt zwangsläufig auch der Kapitalbedarf.
Die Anforderungen, die an Herrn Barsch gestellt werden, scheinen immer komplexer und er wird ja auch nicht jünger.
Infolgedessen spielt er mit dem Gedanken, einigen seiner Mitarbeiter die Möglichkeit anzubieten, sich am Unternehmen zu beteiligen.

1. Beschreiben Sie, welche Gründe Herrn Barsch zu dieser Überlegung veranlasst haben und führen Sie vier Vorteile für die Umfirmierung zu einer Personengesellschaft an.

2. Herr Barsch hat seine treuesten Mitarbeiter, Frau Glaser und Herrn Holzer, zu einem Gespräch eingeladen. Beide zeigen höchstes Interesse, sich am Unternehmen zu beteiligen.
   Frau Glaser könnte 45.000,00 € einbringen und Herr Holzer wäre bereit, 60.000,00 € in das Unternehmen zu investieren. Die bestehende Einlage von Herrn Barsch in Höhe von 250.000,00 € bliebe unangetastet. Die potenziellen Mitgesellschafter interessiert natürlich die Rendite ihrer Einlage.
   Errechnen Sie nun für jeden Einzelnen die Ausschüttung bei einem erwarteten Jahresgewinn von 169.000,00 €.

3. Der Plan, die Mitarbeiter zu beteiligen, ist nun Realität. Vor zwei Tagen wurde der Gesellschaftsvertrag unterschrieben. Das neue Unternehmen soll in der Rechtsform der offenen Handelsgesellschaft firmieren.

   a) Schlagen Sie zwei Möglichkeiten für den Firmennamen vor.

   b) Erklären Sie, ob das Unternehmen in das Handelsregister eingetragen werden muss, und wenn ja, wo der Eintrag zu erfolgen hat.

4. Seit acht Wochen ist das Unternehmen nun als OHG tätig. Es erhielt den Zuschlag für einen großen Auftrag, den Bau einer Windkraftanlage.
   Da zu diesem Zweck eine große Summe vorfinanziert werden muss, ist das Unternehmen in einer finanziell angespannten Lage.
   Und dann das auch noch …
   Der Lieferant Frank Hauser tritt mit seiner Forderung an Frau Glaser heran, nun endlich die offene Rechnung in Höhe von 48.500,00 € zu begleichen.
   Frau Glaser weigert sich, diese persönlich zu bezahlen, denn schließlich ist diese Kostennote ja auf die OHG geschrieben.
   Erläutern Sie, ob Frau Glaser mit ihrer Auffassung richtig liegt.

5. Herrn Holzer wird eine neue CNC-Maschine zum Preis von 73.000,00 € angeboten. Ein richtiges Schnäppchen. Er überlegt nicht lange und unterzeichnet den Kaufvertrag.
   Als er seine Partner stolz über den Kauf unterrichtet, fallen diese aus allen Wolken: „Wie kannst du das machen! Wir haben ganz klare Regelungen im Gesellschaftsvertrag aufgestellt. Darin wurde vereinbart, dass du Rechtsgeschäfte nur bis zu einer Höhe von 30.000,00 € alleine abschließen darfst. Der Kaufvertrag gilt nicht, mach ihn rückgängig."
   Begründen Sie, ob Herr Holzer den Kaufvertrag rückgängig machen kann.

2.2.2 Kommanditgesellschaft (KG)

Die Kommanditgesellschaft ist der OHG sehr ähnlich. Der große Unterschied liegt in der Stellung der Gesellschafter. Die Gesellschaft besteht aus mindestens einem **Komplementär** und mindestens einem **Kommanditisten**.
Geregelt ist diese Rechtsform im HGB in den §§ 161 – 177 HGB.

§ 161 HGB

(1) Eine Gesellschaft, deren Zweck auf den Betrieb eines Handelsgewerbes unter gemeinschaftlicher Firma gerichtet ist, ist eine Kommanditgesellschaft, wenn bei einem oder bei einigen von den Gesellschaftern die Haftung gegenüber den Gesellschaftsgläubigern auf den Betrag einer bestimmten Vermögenseinlage beschränkt ist (Kommanditisten), während bei dem anderen Teile der Gesellschafter eine Beschränkung der Haftung nicht stattfindet (persönlich haftende Gesellschafter).

(2) Soweit nicht in diesem Abschnitt ein anderes vorgeschrieben ist, finden auf die Kommanditgesellschaft die für die offene Handelsgesellschaft geltenden Vorschriften Anwendung.

 Gründung	Die Gründung erfolgt durch mindestens zwei Gesellschafter, wobei mindestens ein Gesellschafter als Komplementär und mindestens ein Gesellschafter als Kommanditist auftritt. In der Praxis ist die KG gebräuchlicher als die OHG.
 Formalitäten	Auch für die KG ist der Eintrag in das Handelsregister vorgeschrieben. Bei der Wahl der Firma muss als Rechtsformzusatz KG im Namen enthalten sein. Sie ist oftmals die klassische Form der Familiengesellschaft. Die Gründungskosten betragen ca. 500,00 €.
 Leitung	Die Geschäftsführung erfolgt durch den Komplementär. Die Kommanditisten haben kein Recht auf die Geschäftsführung und Vertretung. Bei außergewöhnlichen Geschäften haben sie ein Widerspruchsrecht (§ 164 HGB). Weiter obliegt ihnen das Recht auf Information und Einsicht in die Bücher (§ 166 HGB).
 Haftungsverhältnisse	Der **Komplementär** ist ein persönlich haftender Gesellschafter, d. h., er haftet auch mit seinem Privatvermögen. Der **Kommanditist** haftet lediglich bis zur Höhe seiner Kaptitaleinlage. Solange die KG noch nicht in das Handelsregister eingetragen ist, haften auch die Kommanditisten gesamtschuldnerisch. Scheidet ein Kommanditist aus, haftet er, wie in der OHG, noch fünf weitere Jahre für die bei seinem Austritt vorhandenen Verbindlichkeiten.

 Kapitalausstattung	Für die Gründung der KG ist kein Mindestkapital vorgeschrieben, sondern es werden vertraglich die Höhe und die Form der Einlage festgehalten.
 Gewinn- und Verlustbeteiligung	**Gewinn**: Nach § 164 HGB erhalten sowohl Komplementär als auch Kommanditist eine 4-prozentige Verzinsung ihrer Einlage. Der darüber hinausgehende Gewinnanteil wird in „angemessenem" Verhältnis aufgeteilt (Regelung per Gesellschaftsvertrag). **Verlust**: Verluste werden ebenfalls in einem angemessenen Verhältnis auf Komplementär und Kommanditist verteilt, bei den Kommanditisten allerdings bis maximal der Höhe ihrer Einlage.

Die Auflösung einer KG kann unter den gleichen Voraussetzungen wie bei der OHG erfolgen, z. B. durch

→ Beschluss der Gesellschafter,

→ Tod des Komplementärs (nicht eines Kommanditisten),

→ Eröffnung des Insolvenzverfahrens über das Vermögen der Gesellschaft oder eines Gesellschafters.

+ Vorteile der KG

→ Erleichterte Kapitalbeschaffung durch die Möglichkeit der Aufnahme von Kommanditisten

→ Der Komplementär behält die alleinige Geschäftsführung und Entscheidungsfreiheit.

— Nachteile der KG

→ Vertrauensvorschuss des Kommanditisten gegenüber dem Komplementär, da er keine Entscheidungsgewalt besitzt

Sonderform GmbH & Co. KG

Eine Sonderform der Kommanditgesellschaft ist die GmbH & Co. KG.
Bei dieser Rechtsform ist der einzige Komplementär eine juristische Person, die GmbH.
In der Praxis sind die Kommanditisten gleichzeitig die Gesellschafter des Komplementärs, der GmbH.

Im Fall von Fridolin könnten beispielsweise Herr Vitus und Fridolin eine GmbH gründen, die den Komplementär der GmbH & Co. KG darstellt.
Vorteil wäre, dass der Komplementär zwar voll haftet, als GmbH allerdings nur bis zur Höhe der Stammeinlage, mindestens jedoch 25.000,00 €.

Das bedeutet, dass Herr Vitus und Fridolin als Gesellschafter der GmbH keine persönliche Haftung eingehen.

Als Kommanditisten der GmbH & Co. KG haften sie ebenfalls nur bis zur Höhe ihrer Einlage. Dadurch wird die **Vollhaftung umgangen**.

Die GmbH als Komplementär vertritt die GmbH & Co. KG nach außen.

Die Geschäftsführung der GmbH wird von Fridolin und Herrn Vitus vertraglich geregelt.

Das hört sich sehr interessant an, scheint für Fridolin aber etwas kompliziert und aufwendig zu sein. Aber gerade diese Haftungsbeschränkung wäre schon eine tolle Sache.

Aufgaben

1. Herr Quast betreibt in Bad Wiessee ein 5-Sterne-Hotel. Er ist sehr stolz darauf, was er in den vergangenen 15 Jahren aufgebaut hat.

    Seine beiden Kinder Quirin (17 Jahre) und Nina (24 Jahre) arbeiten bereits im Unternehmen mit. Herr Quast möchte die beiden auf ihre zukünftige Rolle vorbereiten und ihnen noch mehr Verantwortung übergeben. Dies soll sich auch in der Gesellschaftsform widerspiegeln.

    Sein Steuerberater rät ihm dazu, seine Kinder schrittweise zu beteiligen und schlägt die Kommanditgesellschaft als mögliche Rechtsform vor.

    a) Nehmen Sie zu der Aussage des Steuerberaters Stellung.

    b) Beschreiben Sie, in welcher Konstellation Herr Quast und seine Kinder Gesellschafter der KG werden sollen.

    c) Führen Sie drei Vorteile an, die sich für Herrn Quast durch diese Rechtsform ergeben.

2. Laut Gesellschaftsvertrag haben die Gesellschafter folgende Einlagen eingebracht.

    Quirin 35.000,00 €, Nina 35.000,00 € und Herr Quast 300.000,00 €. Neben der Verzinsung der Einlage wird der restliche Gewinn zu je 20 % auf die Kinder und zu 60 % auf Herrn Quast verteilt.

    Berechnen Sie die Ausschüttung an die Gesellschafter bei einem Jahresgewinn von 74.000,00 €.

3. Auf Quirin kommt ein Lieferant zu und möchte von ihm die Begleichung der offenen Rechnung erwirken. Quirin ist nicht ganz sicher, ob er dies tun muss.

    Begründen Sie, ob er zur Zahlung der Rechnung verpflichtet ist.

4. Die Finanzkrise hat sowohl die Schreinerei Maier & Söhne OHG als auch die Holztechnik Grauer KG voll erwischt. Da vonseiten der Banken keinerlei Hilfe zu erwarten ist, suchen beide Unternehmen einen potenziellen Geldgeber, der sich am Unternehmen beteiligen soll.

    Sie überlegen sich, mit 50.000,00 € in eines der beiden Unternehmen einzusteigen.

    Erläutern Sie, für welches Unternehmen Sie sich entscheiden (Gewinn in beiden Unternehmen gleich). Gehen Sie dabei auf die Rechte und Pflichten aus den unterschiedlichen Beteiligungen ein.

■ 2.2.3 Gesellschaft bürgerlichen Rechts (GbR)

Die Gesellschaft bürgerlichen Rechts wird nicht im Handelsgesetzbuch, sondern im Bürgerlichen Gesetzbuch geregelt (§§ 705 – 740 BGB).

 Gründung	Mindestens zwei Personen schließen einen formlosen Gesellschaftsvertrag, mit dem Ziel, einen bestimmten Zweck zu erreichen. Dies kann ein gemeinsames Projekt (z. B. Großbaustelle) oder ein gemeinsamer Zweck (z. B. F & E) sein. Die Gründung erfolgt für eine bestimmte Zeitdauer. Mit der Abwicklung des Geschäfts oder der Erfüllung des Zwecks endet diese.
 Formalitäten	Der Vertrag kann mündlich oder schriftlich erfolgen. Ein Eintrag in das Handelsregister erfolgt bei der GbR nicht, da die GbR keine kaufmännische Tätigkeit ausübt. Die Gründungskosten betragen ca. 50,00 €.
 Leitung	Die Geschäftsführung kann je nach Vereinbarung gemeinsam erfolgen, wobei die Gesellschafter eine Mitwirkungspflicht haben.
 Haftungsverhältnisse	Alle Gesellschafter haften mit ihrem Privatvermögen für die Verbindlichkeiten der GbR.
 Kapitalausstattung	Die GbR benötigt **kein Mindestkapital**. Die geleisteten Einlagen können in Geld, Sachwerten oder Dienstleistungen erbracht werden.
 Gewinn- und Verlustbeteiligung	Jeder Gesellschafter hat den gleichen Anteil am Gewinn wie auch am Verlust. Dabei spielt es keine Rolle, wie hoch die jeweiligen Einlagen sind. In der Regel werden entsprechende Vereinbarungen getroffen.

2.2.4 Partnerschaftsgesellschaft (PartG)

 Gründung	Die Partnerschaftsgesellschaft ist eine Gesellschaft des privaten Rechts. Darin schließen sich Angehörige der **freien Berufe** zusammen. Der Gesellschaftsvertrag bedarf der Schriftform. Geregelt ist sie im Partnerschaftsgesellschaftsgesetz (PartGG).
 Formalitäten	Partnerschaftsgesellschaften müssen in notariell beglaubigter Form in das Partnerschaftsregister beim Amtsgericht eingetragen werden. Der Name muss mindestens den Namen eines Partners, den Zusatz **„und Partner"** sowie die Berufsbezeichnung der arbeitenden Partner enthalten. Die Gründungskosten betragen etwa 700,00 €.
 Leitung	Die Partnerschaft kann im eigenen Namen Rechtsgeschäfte abschließen, vor Gericht klagen und verklagt werden. Jeder Partner hat grundsätzlich das Geschäftsführungs- und Vertretungsrecht. Außergewöhnliche Geschäfte bedürfen der Zustimmung aller Partner.
 Haftungsverhältnisse	Alle Partner haften neben dem Gesellschaftsvermögen auch mit ihrem Privatvermögen für die Verbindlichkeiten der PartG. Nach § 8 Abs. 2 PartGG kann die Haftung für Ansprüche aufgrund von Schäden wegen fehlerhafter Berufsausübung auf den Partner beschränkt werden, der dafür verantwortlich ist (man spricht auch von „Handelndenhaftung", z. B. Kunstfehler eines Arztes).
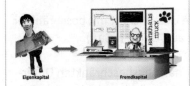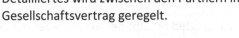 Kapitalausstattung	Zur Gründung der Partnerschaftsgesellschaft ist kein Mindestkapital vorgeschrieben. Detailliertes wird zwischen den Partnern im Gesellschaftsvertrag geregelt.
 Gewinn- und Verlustbeteiligung	Die Aufteilung von Gewinn und Verlust ist im Partnerschaftsvertrag geregelt.

Die Auflösung der Partnerschaftsgesellschaft erfolgt aus unterschiedlichen Gründen:

→ Kündigung oder Tod eines Partners

→ Zeitablauf, sofern so geregelt

→ Auflösungsbeschluss der Partner

→ Eröffnung des Insolvenzverfahrens über das Gesellschaftsvermögen oder das Vermögen eines Gesellschafters

Für die Ausübenden der freien Berufe bringt die Partnergesellschaft allerdings Vorteile wie ein besseres Image durch eine anerkannte Rechtsform und einfache Gründungsmöglichkeiten.

Seitdem der Zusammenschluss der freien Berufe auch in Form einer GmbH möglich ist, verliert die Partnerschaftsgesellschaft jedoch zusehends an Bedeutung.

2.3 Kapitalgesellschaften

Die Haftungsbeschränkung geht Fridolin nicht mehr aus dem Kopf. Er ist zwar bereit, ein gewisses Risiko einzugehen, aber dann mit allem haften und somit auch mit seinem Privatvermögen, das will Fridolin nicht.
So entschließt er sich, kein Einzelunternehmen und auch keine Personengesellschaft zu gründen.
Ja, eine Kapitalgesellschaft soll es werden.

Kapitalgesellschaften sind als juristische Personen selbst rechtsfähig. Die Haftung der Unternehmen ist auf das Vermögen der Gesellschaft begrenzt. Die Haftung der Gesellschafter ist auf ihre Einlage beschränkt. Im Gegensatz zu den Personengesellschaften kann die Gesellschaft klagen und verklagt werden.

Zu den Kapitalgesellschaften zählen die Aktiengesellschaft (AG), die Gesellschaft mit beschränkter Haftung (GmbH), die Limited (Ltd.) und die Kommanditgesellschaft auf Aktien (KGaA).

In direkter Konkurrenz zur Limited erlaubt der Gesetzgeber mit der haftungsbeschränkten Unternehmergesellschaft (UG) eine schnellere und einfachere Unternehmensgründung im Bereich der Kapitalgesellschaften.

2.3.1 Gesellschaft mit beschränkter Haftung (GmbH)

Die Regelungen zur GmbH sind im GmbH-Gesetz zusammengefasst.

 Gründung	Die GmbH ist eine juristische Person mit eigener Rechtspersönlichkeit. Die Gründung kann durch eine oder mehrere Personen erfolgen.
 Formalitäten	Der GmbH liegt ein Gesellschaftsvertrag zugrunde, der notariell beurkundet werden muss. Der Eintrag in das Handelsregister ist konstitutiv, d. h. rechtserzeugend. Um die Gründungskosten zu reduzieren, die bislang bei ca. 2.500,00 € lagen, werden mittlerweile Musterprotokolle zur Verfügung gestellt. Wird ein solches verwendet, ist statt der notariellen Beurkundung nur eine öffentliche Beglaubigung der Unterschriften erforderlich. Diese Formalie ist allerdings nur für eine GmbH mit bis zu maximal drei Gesellschaftern möglich. Die Firma hat den Rechtsformzusatz GmbH zu tragen.
 Leitung	Die Leitung der GmbH obliegt folgenden Organen: **Geschäftsführung**: Sie vertritt die GmbH sowohl gerichtlich als auch außergerichtlich und muss nicht zwangsläufig durch die Gesellschafter erfolgen. **Gesellschafterversammlung**: Sie ist das beschlussfassende Organ. Aufgaben sind z. B. die Wahl und Entlastung des/der Geschäftsführer sowie die Bestimmung der Gewinnverwendung. **Aufsichtsrat**: Nach § 1 Abs. 1 Nr. 3 DrittelbG ist für GmbHs mit mehr als 500 Mitarbeitern ein Aufsichtsrat vorgeschrieben. Hauptaufgaben sind z. B. die Überwachung der Geschäftsführung und die Überprüfung des Jahresabschlusses.
 Haftungsverhältnisse	Die GmbH haftet lediglich mit ihrem Gesellschaftsvermögen, die Gesellschafter dementsprechend maximal mit ihrer Einlage.

 Kapitalausstattung	Das Stammkapital der GmbH beträgt mindestens 25.000,00 €. Der Nennbetrag der GmbH beträgt mindestens 1,00 €. Die Kreditwürdigkeit der GmbH ist nicht sonderlich gut, da die beschränkte Haftung dem entgegensteht. Daher müssen für mögliche Kredite in der Regel persönliche Sicherheiten durch die Gesellschafter erbracht werden.
 Gewinn- und Verlustbeteiligung	Die Verteilung von Gewinn und Verlust erfolgt im Verhältnis der Gesellschaftsanteile bzw. gemäß Entscheidung der Gesellschafter. Vertraglich können jedoch andere Regelungen getroffen werden.

Die GmbH hat einen Jahresabschluss (Schlussbilanz, GuV und Anhang) aufzustellen. Größere GmbHs müssen den Jahresabschluss zusätzlich von einem Wirtschaftsprüfer überprüfen lassen. Ebenso ist der Jahresabschluss im elektronischen Unternehmensregister beim Bundes-anzeiger zu veröffentlichen.

Die Auflösung der GmbH erfolgt nach § 60 GmbH-Gesetz, z. B. durch

→ Ablauf, sofern die GmbH befristet gegründet wurde,

→ Beschluss der Gesellschafter mit ¾-Mehrheit,

→ Eröffnung des Insolvenzverfahrens.

Die Haftungsbeschränkung hat jedoch ihre Grenzen. Das bedeutet, wenn der Geschäftsführer, egal ob geschäftsführender Gesellschafter oder ein angestellter Geschäftsführer, nachlässig oder fahr-lässig handelt, tritt die Haftungsbeschränkung der juristischen Person, also der GmbH, nicht ein. In diesen Fällen haftet der Geschäftsführer persönlich unbegrenzt, auch mit seinem Privatvermögen, für mögliche entstandene Schäden.

Aufgabe

Herr Barsch möchte sich aus dem Unternehmen zurückziehen. Um diesem den Kapitalstock nicht zu entziehen, lässt er seine Beteiligung im Unternehmen.
Die einzige Bedingung, die er damit verknüpft, ist seine Entlassung aus der direkten Haftung des Unternehmens. Er macht den beiden Mitgesellschaftern den Vorschlag, eine Kapitalgesellschaft zu gründen.

a) Erklären Sie, wie die GmbH künftig bezüglich Haftung, Leitung und Gewinnverteilung aussehen kann.

b) Erläutern Sie, wie sich die Gründungsvorschriften der GmbH von denen der OHG unterscheiden.

c) Für Frau Glaser scheint die GmbH die ideale Rechtsform zu sein: „Warum haben wir das nicht gleich gemacht. Besser geht es ja nicht. Nur begrenzte Haftung und trotzdem läuft alles wie gehabt."
Überlegen Sie, ob die Aussage von Frau Glaser so zutrifft.
Schließen Sie in Ihre Überlegungen die Wirkung im Außenverhältnis, also zu Kunden, Lieferan-ten, Banken usw., mit ein.

Haftungsbeschränkte Unternehmergesellschaft (UG)

Als Mini-Ausführung der GmbH wurde die haftungsbeschränkte Unternehmergesellschaft ins Leben gerufen.

§ 5a GmbHG

(1) Eine Gesellschaft, die mit einem Stammkapital gegründet wird, das den Betrag des Mindest-stammkapitals nach § 5 Abs. 1 unterschreitet, muss in der Firma abweichend von § 4 die Bezeichnung „Unternehmergesellschaft (haftungsbeschränkt)" oder „UG (haftungsbeschränkt)" führen.

Die UG ist keine eigene Rechtsform, sondern gilt als vereinfachte Möglichkeit, schrittweise eine GmbH gründen zu können.

 **Gründung**	Die UG ist eine vereinfachte Einstiegsvariante der GmbH. Die Gründung erfolgt durch eine oder mehrere Personen.
 **Formalitäten**	Die vereinfachte Gründung kann mit dem Musterprotokoll für die haftungsbeschränkte Unternehmergesellschaft vollzogen werden. Die Verwendung dieser Vorlage kann die notarielle Beurkundung entfallen lassen. Die Firma hat den Rechtsformzusatz „UG (haftungsbeschränkt)" oder „Unternehmergesellschaft (haftungsbeschränkt)" zu tragen. Die Gründungskosten sind relativ gering und liegen bei ca. 400,00 €.
 **Leitung**	Die Leitung der GmbH obliegt folgenden Organen: **Geschäftsführung**: Sie vertritt die GmbH sowohl gerichtlich als auch außergerichtlich und muss nicht zwangsläufig durch die Gesellschafter erfolgen. **Gesellschafterversammlung**: Sie ist das beschlussfassende Organ. Aufgaben sind z. B. die Wahl und Entlastung des/der Geschäftsführer und die Bestimmung der Gewinnverwendung.
 **Haftungsverhältnisse**	Die UG haftet lediglich mit ihrem Gesellschaftsvermögen, die Gesellschafter dementsprechend maximal mit ihrer Einlage.

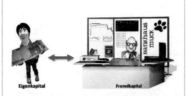 Kapitalausstattung	Der Mindestnennbetrag der Geschäftsanteile beträgt 1,00 €. Das Mindeststammkapital bleibt weiterhin bei einer Höhe von 25.000,00 €. Dieser Betrag kann allerdings im Laufe der Zeit angespart werden. Das heißt, eine Gründung ist also bereits mit 1,00 € möglich. Dafür muss vom Jahresgewinn eine Rücklage in der Höhe von 25 % gebildet werden, bis das Stammkapital von 25.000,00 € erreicht ist. Eine zeitliche Befristung ist dafür nicht vorgesehen, wobei Verluste von diesen Rücklagen abgezogen werden können.
 Gewinn- und Verlustbeteiligung	Bis zur Erreichung des Mindeststammkapitals werden 25 % des Jahresgewinns in eine Rücklage eingebracht. Die Gewinn- und Verlustverteilung ist des Weiteren wie in der GmbH geregelt.

Hat die UG das Stammkapital von 25.000,00 € erreicht, so kann sie in eine GmbH umfirmieren.

+ Vorteile der UG	**— Nachteile der UG**
→ Haftungsbeschränkung auf das Gesellschaftsvermögen	→ Geringe Kreditwürdigkeit aufgrund der Haftungsbeschränkung und des noch wachsenden Stammkapitals
→ Kostengünstige und mittlerweile unkomplizierte Gründung	

Die UG ist von den Existenzgründern gut angenommen worden. Bis Ende 2010 wuchs die Zahl der UGs auf ca. 39.000 Gründungen, mit einem durchschnittlichen Stammkapital zwischen 1.000,00 € und 2.000,00 €.

Das ist sehr interessant für Fridolin. Hier könnte er ein haftungsbeschränktes Unternehmen auf eine sehr einfache und vor allem günstige Art und Weise gründen. Und genügend Kapital wäre noch frei für die Ausstattung und Ware, die er einkaufen müsste.

2.3.2 Aktiengesellschaft (AG)

Eine Aktiengesellschaft wäre, um es mit den Worten von Fridolin auszudrücken, „echt cool". Dann wäre er Vorstand in der AG. Das hört sich doch wirklich gut an.
Aber wäre das auch eine mögliche Rechtsform für ihn?
Wie ist das mit den Aktien und den Aktionären?
Vielleicht würde er dann sogar an einer Börse gehandelt!

 Gründung	Die Aktiengesellschaft ist eine juristische Person. Die Gründung einer Aktiengesellschaft erfolgt durch mindestens eine Person, den Gesellschafter = Aktionär. Das Kapital des Unternehmens wird in Aktien zerlegt. Die Regelungen finden sich im Aktiengesetz (AktG).
 Formalitäten	Zur Gründung bedarf es eines notariell beurkundeten Gesellschaftsvertrags, der Satzung. Der Eintrag in das Handelsregister ist konstitutiv, d. h., erst durch den Eintrag entsteht die AG. Der Rechtsformzusatz AG ist im Firmennamen zu führen. Die Gründungskosten belaufen sich auf ca. 3.000,00 €.
 Leitung	**Organe der AG:** **Vorstand** (§§ 76 – 94 AktG): Der Vorstand besteht aus einer oder mehreren Personen. Er führt die Geschäfte und vertritt die AG nach außen. Er trifft sämtliche Führungsentscheidungen selbstständig und trägt die alleinige Verantwortung. Der Vorstand informiert turnusmäßig quartalsweise den Aufsichtsrat über die Geschäftsentwicklung. Er beruft die Hauptversammlungen ein usw. Seine Amtszeit beträgt fünf Jahre. **Aufsichtsrat** (AR) (§§ 95 – 116 AktG): Der Aufsichtsrat hat die Aufgabe, den Vorstand zu wählen und zu überwachen sowie den Jahresabschluss zu überprüfen. Zusammensetzung des Aufsichtsrats: AG < 2000 AN: zwei Drittel Aktionäre, ein Drittel Arbeitnehmer AG > 2000 AN: eine Hälfte Aktionäre, eine Hälfte Arbeitnehmer Der Aufsichtsrat besteht aus mindestens drei Mitgliedern und wird von der Hauptversammlung alle vier Jahre gewählt. **Hauptversammlung** (HV) (§§ 118 – 147 AktG): Die Hauptversammlung ist das beschlussfassende Organ der AG. Sie trifft die Entscheidung über Gewinnverwendung, Satzungsänderungen, wählt den Aufsichtsrat und entlastet den Vorstand und den Aufsichtsrat. Das Stimmrecht hängt vom Aktienbesitz ab.
 Haftungsverhältnisse	Für die Verbindlichkeiten der AG haftet das Gesellschaftsvermögen. Die Aktionäre haften nur mit ihrer Einlage.

 Kapitalausstattung	Das Grundkapital einer AG beträgt mindestens 50.000,00 €. Es kann sowohl in Form von Bargeld als auch von Sacheinlagen erfolgen. Vor allem bei der Umfirmierung ist dies der Fall. Die Ausgabe der Aktien erfolgt als Stück- oder Nennbetragsaktie. **Aktie**: Die Aktie ist ein Wertpapier (= Urkunde) und verbrieft die Beteiligung an der AG. Da die Aktie übertragbar und handelbar ist, ermöglicht dies eine breite Streuung des Kapitals.
 Gewinn- und Verlustbeteiligung	Die Gewinnverwendung ist im Aktiengesetz § 58 AktG geregelt. Eckpunkte sind: → Verluste aus Vorjahren können ausgeglichen werden. → 5 % des Jahresgewinns muss in die gesetzliche Rücklage eingestellt werden. → Zusätzlich können freiwillige Rücklagen getätigt werden. → Je nach Satzung kann bis zur Hälfte des restlichen Betrages in freiwillige Rücklagen eingestellt werden. → Der verbleibende Gewinn wird in Form von Dividenden an die Aktionäre ausgeschüttet. Die Aktionäre haben einen Anspruch auf Dividende entsprechend ihres Aktienanteils. Die Gewinnverwendung beschließt die Hauptversammlung.

Die AG löst sich durch folgende Ereignisse auf:

→ Beschluss der Hauptversammlung, mit einer Dreiviertel-Mehrheit

→ Überschuldung oder Zahlungsunfähigkeit

Eine Sonderform der AG ist die kleine AG. Im Vergleich zur „großen" AG ist die Gründung vereinfacht. Der Unternehmer kann hierbei alleiniger Vorstand und zugleich auch Aktionär sein.

+ Vorteile der AG

→ Erleichterte Kapitalbeschaffung über den Kapitalmarkt

→ Aktien können einfach gehandelt werden.

→ Haftungsbeschränkung auf die Einlagen oder Aktienanteile

→ Mitbestimmung der Mitarbeiter ist gewährleistet.

→ Mitarbeiter können problemlos am Unternehmen beteiligt werden und sich so auch als Miteigentümer mit dem Unternehmen identifizieren.

— Nachteile der AG

→ Komplizierte Gründung

→ Hohe Gründungskosten

→ Interessenkonflikt zwischen den Zielen des Vorstands, möglichst viel Gewinn in die Rücklagen zu führen und dem Ziel der Aktionäre, eine möglichst hohe Dividende zu erhalten.

Aufgaben

1. Auch der FC Bayern ist eine AG.
   Recherchieren Sie, wer im Vorstand bzw. im Aufsichtsrat einen Sitz hat.
   Geben Sie zusätzlich die Besitzverhältnisse (Aktienverteilung) an.

2. Viele große Unternehmen veröffentlichen die Ergebnisse der Hauptversammlung für die
   Aktionäre, die dieser Versammlung nicht beiwohnen.

   a) Erstellen Sie einen Bericht über die Hauptversammlung einer Aktiengesellschaft Ihrer Wahl.

   b) Skizzieren Sie die Tagesordnungspunkte und vor allem die Gewinnverwendung.

   c) Erstellen Sie in Excel ein Diagramm über die Entwicklung der Dividendenausschüttung.

3. Die Gewinnverwendung ist auf jeder Hauptversammlung eines der umstrittensten Themen, die
   zwischen Aktionären und Vorstand diskutiert werden.
   Führen Sie einige Argumente an, welche Ziele Vorstand und Aktionäre verfolgen.

4. Windkraftanlagen liegen voll im Trend. Die Gesellschafter Frau Glaser, Herr Holzer und Herr
   Brasch planen, in die Technologien für regenerative Energien weiterzuinvestieren. Da die
   Banken in vergangener Zeit sehr zurückhaltend auf ihre Kreditanfragen reagierten, überlegen
   die Gesellschafter, inwiefern durch eine Umfirmierung das Problem gelöst werden kann.
   Erklären Sie, warum für solche Fälle die AG eine durchaus interessante Rechtsform darstellt.

2.4 Besondere Rechtsformen

Zusätzlich zu den genauer dargestellten Unternehmensformen liest man nicht selten Berichte über
Firmen mit folgenden Rechtsformen:

→ die eingetragene Genossenschaft
→ die British Limited
→ die Societas Europaea

→ die Societas Privata Europaea
→ die stille Gesellschaft

Eingetragene Genossenschaft (eG)

In der Tierwelt trifft man auf das Phänomen,
dass sich kleine Fische eine Taktik zugelegt
haben, um nicht für die großen Fische als Futter
zu enden.
Sie schließen sich zusammen und formieren sich
so, dass sie eine Silhouette wie die eines großen
Fisches ergeben. Und siehe da – es funktioniert.
Ähnlich könnte man auch den Zusammenschluss zu einer eingetragenen Genossenschaft
bezeichnen.

Die eingetragene Genossenschaft besteht aus mindestens drei Gründern, den Genossenschafts-
mitgliedern, die sich zu einem gemeinsamen Zweck zusammenfinden, nämlich der Förderung der
Mitglieder. Diese geben dabei ihre Selbstständigkeit nicht auf. Sie schließen sich vielmehr deshalb
zusammen, um wettbewerbsfähig zu sein bzw. zu bleiben.

Beispiel:

Regionale Erzeuger schlossen sich in der Vermarktungsgenossenschaft „Region aktiv Chiemgau-Inn-Salzach" zusammen, um gentechnikfreie Nahrungsmittel aus der Region anzubieten.

Die Genossenschaft ist eine juristische Person, die in das Genossenschaftsregister eingetragen werden muss (konstitutiv). Die Richtlinien sind im Genossenschaftsgesetz geregelt. Zur Firma muss zwingend der Rechtsformzusatz eG erfolgen. Die Gründung erfolgt durch mindestens drei Personen und muss schriftlich, mit einer entsprechenden Satzung, festgehalten werden.

Ähnlich der AG besteht die Genossenschaft aus einem Vorstand, dem Aufsichtsrat und der Generalversammlung aller Mitglieder.

Das Kapital wird von den Mitgliedern aufgebracht, wobei kein Mindestkapital vorgeschrieben ist. Die Haftung ist nur auf das Gesellschaftsvermögen begrenzt.

+ Vorteile der Genossenschaft	− Nachteile der Genossenschaft
→ Mitglieder der Genossenschaft sind Miteigentümer.	→ Liefer-, Bezugs- und Benutzungspflichten
→ Keine persönliche Haftung	
→ Wirtschaftlicher Erfolg kommt dem Mitglied als Rückvergütung für geleistete Tätigkeiten zugute.	

British Limited (Ltd.)

Die Limited ist eine britische Rechtsform, die am ehesten mit der haftungsbeschränkten Unternehmergesellschaft vergleichbar ist.

Die Gründe für die Beliebtheit dieser Rechtsform liegen in der einfachen Gründung des Unternehmens und seinen steuerlichen Vorteilen.

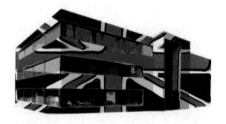

Um eine Limited zu gründen, muss beim zentralen englischen Geschäftsregister, dem „companies house", ein Antrag gestellt werden. Als Stammkapital genügt ein britisches Pfund, wobei die Haftung der Gesellschaft auf die Höhe der übernommenen, aber noch nicht eingezahlten Anteile beschränkt ist. Die Geschäftsführung hat nach britischem Recht zu erfolgen.

Sonderkosten entstehen für den offiziellen Zustellungs- und Aufbewahrungsort (Briefkasten) des Unternehmens sowie für die Aufbewahrung der gesellschaftsrechtlichen Dokumentationen. Diese belaufen sich auf ca. 300,00 €. Die Gründung erfolgt innerhalb von 1 bis 2 Tagen.

Die Limited wird aufgrund der Haftungsbeschränkung zwar gerne als Rechtsform gewählt, allerdings betrachten Geschäftspartner sie äußerst skeptisch.

Europäische Aktiengesellschaft – Societas Europaea (SE)

Um die grenzüberschreitende Zusammenarbeit und Geschäftstätigkeit zu fördern, wurde diese europaweit einheitliche Rechtsform ins Leben gerufen.

Es handelt sich um eine europäische Aktiengesellschaft mit einem Mindeststammkapital von 120.000,00 €.

Die Gründung erfolgt auf unterschiedliche Weise, z. B. durch

→ Fusion zweier Aktiengesellschaften,

→ Gründung einer Holding.

Beispiele:
Für die SE entschieden sich u. a. der Klebstoffhersteller Tesa, der LKW-Bauer MAN, die Schuhdynastie Deichmann und der Sportartikelhersteller Puma.

Europäische Privatgesellschaft – Societas Privata Europaea (SPE)

Was die SE für große Unternehmen darstellt, soll die europäische Privatgesellschaft oder Societas Privata Europaea, kurz SPE, für kleine und mittlere europäische Unternehmen sein. Sie gilt als Pendant zur GmbH und zur Ltd. und ist damit auch eine Rechtsform mit Haftungsbeschränkung.

Ihre Gründung erfolgt durch eine oder mehrere natürliche oder juristische Personen. Dabei sind Neugründung, Umwandlung oder Verschmelzung mehrerer Unternehmen in eine SPE denkbar.

Der Rechtsformzusatz lautet SPE. Die Gründung kann, vergleichbar mit der UG (haftungsbeschränkt), durch Musterprotokolle sehr unkompliziert erfolgen.

Das Mindestkapital für die Gründung der SPE beträgt 1,00 €.

Generell haften die Gesellschafter mit ihrer Einlage.

Die Satzung der SPE kann durch die Anteilseigner bzw. Gründer frei festgelegt werden.

Dies gilt auch für die Gewinn- bzw. Verlustaufteilung.

Um die Rechte der Arbeitnehmer zu wahren, unterliegt die SPE den Arbeitnehmermitbestimmungsregeln.

Diese Rechtsform wurde EU-weit mit Ausnahme von Deutschland eingeführt. Die Umsetzung in deutsches Recht wurde zurückgestellt.[1]

---

1 Stand Februar 2012

Stille Gesellschaft (§§ 230 – 236 HGB)

Bei der stillen Gesellschaft handelt es sich um die Kapitaleinlage eines Dritten bei einem Unternehmen, ohne dass dies nach außen erkennbar ist. Diese Beteiligung wird in der Bilanz als Eigenkapital ausgewiesen. Die stille Gesellschaft kann sowohl eine natürliche als auch eine juristische Person sein. Im Innenverhältnis erfolgt jedoch keine Beteiligung am Unternehmen. Die stille Gesellschaft hat die Funktion eines Gläubigers mit Kontrollrechten.

Des Weiteren ist sie am Gewinn des Unternehmens beteiligt. Erwirtschaftet das Unternehmen einen Verlust, so kann die stille Gesellschaft per Vertrag von einer Verlustbeteiligung ausgeschlossen werden. Erfolgt dies nicht, ist die Haftungs-obergrenze die Einlage. Ergänzend dominieren einzelvertragliche Regelungen.

Die stille Gesellschaft ist die optimale Möglichkeit der Eigenkapitalbeschaffung, ohne dass ein Dritter aktiv in den Geschäftsbetrieb eingreift.

Zusammenhängende Fallaufgabe

Unternehmensbeschreibung

Firma	Wurz Spielzeuge OHG	
Geschäftssitz	Spielstraße 11 94227 Zwiesel	
Telefon	09922 654321-0	
Fax	09922 654322-01	
Internet	www.wurz-spielspass.de	
E-Mail	info@wurz-spielspass.de	
Gesellschafter	Wolfgang Wurz Constanze Maier Donald Mumm	
Einlagen	Wolfgang Wurz	400.000,00 €
	Constanze Maier	200.000,00 € (seit 01.01.2011)
	Donald Mumm	100.000,00 € (seit 01.01.2011)
Gegenstand des Unternehmens	Herstellung von traditionellem Spielzeug	
Umsatz	2010: 1.250.000,00 €	2011: 1.319.100,00 €
Gewinn	2010: 84.000,00 €	2011: 124.000,00 €

1. Die drei Gesellschafter sind damit beschäftigt, das Unternehmen des Wolfgang Wurz von einer Einzelunternehmung in eine OHG umzuwandeln. Frau Maier und Herr Mumm sind langjährige Mitarbeiter und nahmen das Angebot an, sich am Unternehmen zu beteiligen.
Führen Sie zwei Informationen an, die die beiden vor einer Beteiligung am Unternehmen eingeholt haben sollten.

2. Die OHG muss in das Handelsregister eingetragen werden.
Zählen Sie drei Angaben auf, die der Handelsregisterauszug beinhaltet.

3. Das Unternehmen hat die formalen Hürden genommen.
Beschreiben Sie ausführlich die Rechte und Pflichten der Gesellschafter hinsichtlich Haftung, Vertretung des Unternehmens und Einfluss auf die Geschäftsführung.

4. Im Jahr 2012 ist der Reingewinn um 10 % gegenüber 2011 gestiegen.
Errechnen Sie auf der Basis dieser Gewinnerwartung die Ausschüttung an die einzelnen Gesellschafter. Der Gewinn ist nach HGB zu verteilen.

5. Die Gesellschafter verfolgen das wirtschaftliche Geschehen genau. Angesichts wirtschaftlich turbulenter Zeiten überlegen sie, wie sie es ermöglichen könnten, die Haftung jedes Einzelnen zu beschränken. Sie haben die Möglichkeit einer Umfirmierung zur GmbH ins Auge gefasst. Beschreiben Sie, wie sich die Gründungsvorschriften und die Haftung der GmbH von der der OHG unterscheiden.

6. Das große Hobby von Donald Mumm ist das Programmieren von Unternehmensplanspielen. Diese haben mittlerweile die Marktreife erreicht. Die Gesellschafter fassen ins Auge, diesen Zweig vom Unternehmen zu trennen.

   Da Herr Mumm vom Typ her eher vorsichtig und zurückhaltend ist, sucht er nach einer passenden Alternative, die ihm einen gewissen Schutz für sein Privatvermögen bietet. Zur Diskussion steht die UG (haftungsbeschränkt).

   a) Geben Sie der Firma einen passenden Namen.

   b) Beschreiben Sie, welche Absicht der Gesetzgeber mit dieser Rechtsform verfolgt.

   c) Erklären Sie die grundsätzlichen Gründungsformalitäten.

   d) Recherchieren Sie im Internet nach einem Musterprotokoll für die Gründung und füllen Sie dieses für Herrn Mumm mit Fantasiewerten aus.

   e) Beschreiben Sie, wie in der UG (haftungsbeschränkt) mit den Gewinnen verfahren wird.

7. Die AG Toys4U expandiert im Rahmen von Firmenzukäufen. Zum Konzern zählen jetzt auch die Firmen von Frau Maier, Herrn Wurz und Herrn Mumm. Sie erhielten zusätzlich zum Kaufpreis von 1,1 Mio. Euro ein Aktienpaket.

   Sie halten nun neu 20 % an der AG, davon Herr Wurz 10 %, Frau Maier 4 % und Herr Mumm 6 %. Alle drei sind im Unternehmen weiter beschäftigt.

   Frau Maier wurde in den Vorstand Bereich Marketing und Herr Mumm in den Bereich Forschung und Entwicklung gewählt.

   a) Erklären Sie, welche Rechte sich aus dem Besitz der Aktien ergeben.

   b) Führen Sie an, aus welchen Organen die AG besteht, und beschreiben Sie deren grundsätzliche Aufgaben.

   c) Nennen Sie, wer die Möglichkeit besitzt, den Vorstand zu wählen.

   d) Die AG erwirtschaftete einen Gewinn von 740.000,00 €.
      Erklären Sie, wer über die Gewinnverwendung letztendlich entscheidet.

   e) Ermitteln Sie, wie viel Dividende auf die Aktionäre Wurz, Maier und Mumm entfällt, wenn neben der gesetzlichen eine freiwillige Rücklage für eine neue Produktionsanlage in Höhe von 300.000,00 € getätigt wird.

TB 11 Unternehmenszusammenschlüsse

Unternehmenszusammenschlüsse

In Themenbereich 11 wird einer Entwicklung Rechnung getragen, die sich durch die stetig zunehmende Internationalisierung zwangsweise ergibt. Unternehmen schließen sich zusammen, um bestimmte Ziele gemeinsam schneller und besser erreichen zu können. In den folgenden Abschnitten werden die Beweggründe und verschiedenen Formen des Zusammenschlusses von Unternehmen näher beleuchtet und deren Tragweite vorgestellt.

Da diese „Gebilde" ihre erhöhte Marktmacht auch missbrauchen können, wurden gesetzliche Schutzmechanismen auf nationaler als auch europaweiter Ebene ins Leben gerufen, um Verbraucher davor zu bewahren, dass solche Unternehmenszusammenschlüsse ihre gewonnene Marktmacht zum Nachteil des Wettbewerbs und der Verbraucher ausnützen. Welche Schutzmechanismen dies sind und wie sie greifen, soll ebenfalls verdeutlicht werden.

Im letzten Kapitel „Globalisierung" werden die Ursachen, warum Unternehmen danach streben, sogenannte „Global Player" zu werden, noch einmal genauer betrachtet.

1 Einführung

Die Goggi Kartfun GmbH hegt die Absicht, ihre Karts auch im Ausland zu verkaufen. Allerdings ist dies sehr diffizil, denn Herr Vitus hat keinerlei Erfahrungen und Kenntnisse über ausländische Märkte. Erschwerend kommt hinzu, dass in seinem Betrieb sowieso schon jeder alle Hände voll zu tun hat, die ankommenden Aufträge abzuarbeiten. Jetzt noch ein solch komplexes Projekt auf

die Beine zu stellen, ist mit dem derzeitigen Personalstand nicht machbar.

Natürlich will Herr Vitus auch kein allzu großes Risiko eingehen. Da kommt es ihm gerade recht, dass ihn auf der letzten Motorshow in Essen, auf der der neue Kart vorgestellt wurde, Wayne Oliver und Amy Marino von Wamy Karts Ltd. angesprochen und ihm einen Vorschlag unterbreitet haben.

Mrs Marino regte an, über eine gemeinsame Zukunft nachzudenken. Wenn sich die Unternehmen verbinden würden, dann könnten sie sicher voneinander profitieren. In welcher Form das geschehen soll, ist natürlich Verhandlungssache. Grundsätzlich zeigten sich Mrs Marino und Mr Oliver allerdings sehr offen für Gespräche in alle Richtungen.

Für Herrn Vitus kommt das doch ziemlich überraschend. Gemeinsam an einem neuen Kart zu bauen, gemeinsame Vertriebswege zu nutzen usw. ist allemal eine Überlegung wert. Schließlich praktizieren die Automobilhersteller dies bereits jahrelang und durchaus erfolgreich. Herr Vitus und Mrs Marino trennten sich mit dem Versprechen, sich über die Form der Zusammenarbeit Gedanken zu machen und sich dann bei einem weiteren Treffen auszutauschen.

Der erhöhte Wettbewerb, die fortschreitende Internationalisierung, die fallenden Transportkosten und die Entwicklung der Kommunikationstechnologie lassen Grenzen fallen. Aus diesem Grund schließen sich immer mehr Unternehmen zusammen oder vereinbaren eine enge Zusammenarbeit, um ihre Wettbewerbsmacht zu erhöhen. Kaum ein Tag vergeht, an dem nicht neue Zusammenschlüsse, strategische Allianzen oder Firmenkäufe vermeldet werden.

Bekannte Beispiele dafür sind:

→ Adidas – Reebok   → Microsoft – Yahoo

→ Google – YouTube

Auch im Automobilbereich schließen sich Unternehmen zusammen oder bilden Kooperationen, um Synergieeffekte zu nutzen und dadurch Kosten zu sparen. Die folgende Abbildung zeigt sehr anschaulich, wie eng die Automobilhersteller auf verschiedenste Arten weltweit miteinander verknüpft sind.

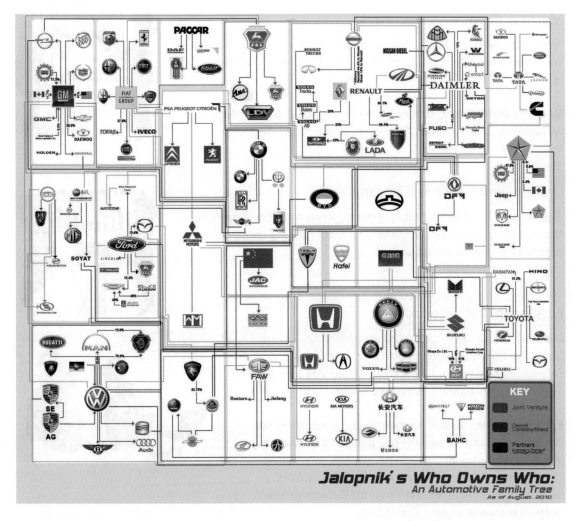

Arbeitsauftrag:

Recherchieren Sie, wie sich im Bereich der Automobilindustrie die Zusammenschlüsse von Unternehmen auf die Fahrzeugproduktion niederschlagen.
Geben Sie hierzu konkrete Beispiele an.

2 Motive für Unternehmenszusammenschlüsse

Mrs Marino und Herr Vitus spielen beim nächsten Meeting die grundsätzlichen Motive durch, die für einen Unternehmenszusammenschluss sprechen könnten. Herr Vitus sieht einige sehr attraktive Optionen, sein Unternehmen weiterzuentwickeln.

Herr Vitus: „Allein die Verringerung der Kosten würde bereits dafür sprechen. Und noch besser, so komme ich an Märkte, die ich ansonsten nur sehr mühsam erschließen könnte."

Mrs Marino: „Constantin, please think about the opportunities in research and development only."

Welche Motive sind ausschlaggebend, wenn sich Unternehmen zusammenschließen?
Im Themenbereich Kostenmanagement wurde dies bereits aufgegriffen. Ein sehr gewichtiger Grund ist oftmals die Kosteneinsparung.
Es gibt aber durchaus weitere Gründe.

Machtstreben

Wenn sich zwei verbinden, sind sie in aller Regel mächtiger. Dies gilt vor allem dann, wenn sich gleichartige Unternehmen zusammenschließen.

Steigt die Marktmacht, steigen auch die Möglichkeiten, die Marktverhältnisse zu dominieren. So können zum Beispiel die Preise leichter beeinflusst werden.

Umsatz- und Gewinnsteigerung

Eine erhöhte Marktmacht führt in der Regel zu einer Erhöhung der Marktpräsenz. Dies führt wiederum zur Stabilisierung und Erhöhung der Umsatz- und Gewinnsituation.

Forschung und Entwicklung

Die Entwicklung des Airbus A380 verschlang ca. 12 Mrd. Dollar. Bei Porsche betrugen die Forschungs- und Entwicklungskosten im Jahr 2007 ungefähr 734 Mio. Euro, bei Volkswagen waren dies in etwa 5 Mrd. Euro.

Es ist heute keine Seltenheit mehr, wenn konkurrierende Unternehmen gemeinsam in Forschung und Entwicklung (F & E) zusammenarbeiten, um beispielsweise einen gemeinsamen Motor zu entwickeln. In Zeiten kürzer werdender Produktlebenszyklen ist die Zusammenarbeit letztlich auch wieder eine Kostenfrage.

Preisvorteile bei der Beschaffung

Wie Sie im Themenbereich Kostenmanagement bereits lernten, schlagen sich Preisvorteile bei der Beschaffung sehr stark im Unternehmens- und Gewinnergebnis nieder. Wenn Unternehmen gemeinsam ein höheres Einkaufsvolumen besitzen, ist die Verhandlungsposition gegenüber den Lieferanten weitaus besser und führt zu günstigeren Einkaufskonditionen.

Produktionsvorteile

Wenn sich Firmen dazu entschließen, ihre Produktion gemeinsam durchzuführen, sind sie in der Lage, höhere Stückzahlen zu fertigen. Höhere Auflagen führen zu einer Verminderung der Stückkosten und dementsprechend zu einer verbesserten Ertragslage.
Ebenso besagt die „Lernerfahrungskurve", dass mit einer höheren Stückzahl das Wissen größer wird und daher Fehler vermieden werden, was wiederum zu einer Kostensenkung führt.

Rationalisierungseffekte

Wenn sich Unternehmen verbinden, können bestimmte Arbeits- und Aufgabenbereiche zusammengelegt werden. Die Synergien betreffen häufig den Verwaltungsbereich, die Buchhaltung oder die Nutzung der EDV.
Kosten, die hier eingespart werden, schlagen sich direkt im Gewinn nieder.

Erhöhung der Kapitalgrundlage

Nur durch eine gemeinsame und somit verbesserte Kapitalausstattung ist es kleineren Unternehmen oft erst möglich, größere Aufträge anzunehmen, da die notwendige Vorfinanzierung (Werkstoffe, Personal usw.) alleine oftmals nicht geschultert werden kann. Erleichternd kommt hinzu, dass auch das Risiko, das solche Großaufträge bergen, gemeinsam getragen wird.

Globalisierung und Stärkung der Wettbewerbssituation

Im Rahmen der fortschreitenden Globalisierung ist die enge Zusammenarbeit und Kooperation von Unternehmen eine große Chance. Auch kleine und mittlere Unternehmen finden so ihren Weg, im internationalen Geschäft mitzuwirken und sich im Wettbewerb zu behaupten.

Merke: Die Motive für Unternehmenskooperationen bzw. Unternehmenszusammenschlüsse können vielfältig sein. Neben dem permanenten Druck, die Kosten zu senken, stehen vor allem die gemeinsame Entwicklung und Erschließung fremder Märkte bzw. die Steigerung der Marktmacht im Vordergrund.

Aufgabe

Untersuchen Sie, aus welchen Motiven heraus die nachfolgenden Zusammenschlüsse bzw. Kooperationen zustande kamen.

„… Wie man so etwas erfolgreich betreibt, zeigt das Beispiel Audi. Zahlreiche Modelle der Ingolstädter fußen auf VW-Verwandtschaft. So ist der Bestseller A3 in weiten Teilen eine Adaption des VW Golf, ohne dass der Kunde auch nur ein Teil des Massenmodells im Audi wiedererkennt. Ende des Jahres bringt Audi mit dem A1 einen hochpreisigen Kleinwagen, der in großen Teilen aus dem bereits entwickelten neuen Polo von VW aufbaut …"
Quelle: Markus Fasse; Martin-W. Buchenau: Daimler: Der Lack ist ab, erschienen in: Handelsblatt, 30.07.2009
URL: http://www.handelsblatt.com/unternehmen/industrie/daimler-der-lack-ist-ab/3229816.html, (abgerufen am 31.10.2011)

„… Mit ihrer umfassenden Kooperation verbünden sich der Softwareriese Microsoft und der Internet-Konzern Yahoo! gegen den Rivalen Google. Der Suchmaschinen-Gigant dominiert den lukrativen Markt für Werbung rund um die Web-Suche …"
Quelle: http://www.onlinekosten.de/news/artikel/35403/0/Microsoft-Yahoo-Allianz-droht-intensive-Pruefung
(abgerufen am 31.10.2011)

„… Das ist eine einmalige Gelegenheit, zwei der respektiertesten und bekanntesten Unternehmen der weltweiten Sportartikelindustrie zusammenzuführen. Mit Reebok verstärkt Adidas vor allem seine Präsenz in den USA, dem weltgrößten Markt für Sportartikel. Mit einem Jahresumsatz von knapp neun Milliarden Euro rückt der fusionierte Konzern Nike (Jahresumsatz elf Milliarden Dollar) deutlich näher. Außerdem verstärkt damit Europas größter Sportartikelhersteller auf einen Schlag seine Position im wichtigen US-Markt …"
Quelle: http://www.stern.de/wirtschaft/unternehmen/:%DCbernahme-Adidas-Reebok-Streifen/543834.html
(abgerufen am 31.10.2011)

„Kirin und Suntory angeblich in Fusionsgesprächen
Die beiden führenden japanischen Getränkeriesen Kirin Holdings und Suntory Holdings führen angeblich Fusionsgespräche. Sollte es zu einem Zusammenschluss kommen, entstünde einer der größten Getränkekonzerne der Welt. Wie japanische Medien am Montag unter Berufung auf informierte Quellen berichteten, haben beide Unternehmen Gespräche über eine Fusion aufgenommen, um im schrumpfenden Heimatmarkt zu überleben …"
Quelle: http://www.faz.net/aktuell/medienschau-philips-ueberraschender-gewinn-wegen-kostensenkungen-11171112.html
(abgerufen am 31.10.2011)

3 Formen von Unternehmenszusammenschlüssen

Herr Vitus ist auf den Geschmack gekommen. Ein Zusammenschluss kann vielfältige Vorteile bringen.
Nach dem Motto „Gemeinsam sind wir stark" überlegt er, in welcher Form sein Vorhaben in die Tat umgesetzt werden kann.

Man unterscheidet Unternehmenszusammenschlüsse nach den Produktionsstufen und dem Grad der Selbstständigkeit.

3.1 Unternehmenszusammenschlüsse nach der Produktionsstufe

Je nach Produktionsstufe unterscheidet man:

→ vertikale Zusammenschlüsse

→ horizontale Zusammenschlüsse

→ laterale Zusammenschlüsse

Vertikaler Zusammenschluss von Unternehmen

Bei einem vertikalen Zusammenschluss schließen sich Unternehmen der vor- bzw. nachgelagerten Produktionsstufen zusammen. Das Ziel einer solchen Kooperation ist die noch engere Zusammenarbeit innerhalb der Produktionsstufen. Zudem bietet sie dem vorgelagerten Unternehmen eine erhöhte Kontrolle über die Vertriebswege.

Beispiel:
Wie in der Abbildung oben zu sehen ist, hat sich der Computerhersteller Pear Computers Ltd. mit dem Handelsunternehmen internetsolutions UG (haftungsbeschränkt) zusammengeschlossen. Diese Verbindung dient aus der Sicht von Pear Computers Ltd. unter anderem dazu, mehr Einfluss auf den Absatz zu erlangen und ihn somit besser kontrollieren zu können.
Für internetsolutions UG (haftungsbeschränkt) führt der Zusammenschluss zu einer besseren Versorgung mit Produkten oder Werkstoffen. Das bedeutet eine weitgehende Unabhängigkeit von Lieferanten.

Horizontaler Zusammenschluss von Unternehmen

Schließen sich Unternehmen der gleichen Produktionsstufe zusammen, spricht man von einem horizontalen Zusammenschluss.

Dieser dient hauptsächlich der Erhöhung der Marktmacht und zwar sowohl auf der Beschaffungs- als auch auf der Absatzseite. Als weiterer Vorteil wird die erhöhte Leistungsfähigkeit, z. B. im Sortimentsbereich, gesehen. Nicht zuletzt werden aus ehemaligen Wettbewerbern nun Partner. Sie arbeiten jetzt nicht mehr gegeneinander, sondern miteinander.

Beispiel:

Die PC-Händler Computermaus OHG, internetsolutions Fridolin UG (haftungsbeschränkt) und Colibri GmbH schlossen sich zusammen. Der Einkauf erzielte dadurch eine Kosteneinsparung von 8 %.

Lateraler bzw. anorganischer Zusammenschluss von Unternehmen

Kennzeichen des lateralen Zusammenschlusses ist die Tatsache, dass die Unternehmen, die sich verbinden, aus unterschiedlichen Branchen stammen. Ziel ist eine Risikostreuung, um Chancen einzelner Märkte zu nutzen oder Risiken auszugleichen.

Beispiel:

Wenn sich, wie im obigen Beispiel, der Elektrofachhandel Colibri GmbH mit der Restaurantkette „the cooking rattle" zusammenschließt, dann dient dies unter anderem der Risikostreuung. Der Zusammenschluss soll die Geschäftstätigkeit auf zwei Säulen verteilen, um mögliche Markteinbrüche abzufedern.

Aufgaben

1. Die im Anschluss genannten Unternehmen weisen eine sehr komplexe Struktur auf.
   Informieren Sie sich und bewerten Sie die Konzernstruktur.
   Stellen Sie dar, wo Zusammenschlüsse nach der Produktionsstufe erkennbar sind und um welche es sich handelt.

   a) Adidas   b) Lufthansa   c) Metro

   d) Maxingvest AG   e) Unilever

2. Der Schweizer Uhrenhändler Clocki AG vertreibt seine Produkte in 300 Filialen, verteilt auf die gesamte Schweiz. Er handelt mit preisgünstigen Kunststoffuhren mit modischem und trendigem Design. Der Vorstand überlegt bei einem Meeting, wie die strategische Ausrichtung (man spricht auch von langfristiger und richtungsweisender Planung) die nächsten fünf Jahre aussehen kann. Dabei wird der Zusammenschluss mit anderen Unternehmen ins Gespräch gebracht.

   a) Beschreiben Sie vier Beweggründe, die den Vorstand dazu veranlasst haben, sich mit anderen Unternehmen zusammenschließen zu wollen.

   b) Erläutern Sie, welche unterschiedlichen Möglichkeiten von Zusammenschlüssen (hinsichtlich der Produktionsstufe) denkbar wären, und geben Sie dazu jeweils ein der Situation angepasstes Beispiel.

3.2 Unternehmenszusammenschlüsse nach wirtschaftlicher und rechtlicher Selbstständigkeit

Für Herrn Vitus stellen sich entscheidende Fragen.
Wie verändern sich die Firmen, wenn sie zusammenarbeiten?
Wer hat dann mehr Macht, seine Firma oder der Kompagnon?

Müsste er vielleicht sogar seine Firma aufgeben oder wird eine neue Firma gegründet?

Eigentlich hat Herr Vitus nicht vor, seine Firma aufzugeben.
Er ist schließlich sehr stolz auf seine Goggi Kartfun GmbH. Und was würden seine Mitarbeiter sagen, wenn sie plötzlich unter einem neuen „Namen" arbeiten müssten?

Auch stellt er sich die Frage, ob er über genügend Kapital verfügt, tatsächlich auch ein Unternehmen kaufen zu können, ohne dass seine Goggi Kartfun GmbH finanzielle Einbußen erleidet.
Es sind also noch viele Fragen offen.

Hinsichtlich der Stellung der Unternehmen unterscheidet man bei Zusammenschlüssen, inwiefern sich rechtliche und/oder wirtschaftliche Selbstständigkeit ändern.
Unter der rechtlichen Selbstständigkeit versteht man, dass das Unternehmen seine Rechtsform beibehält.
Die wirtschaftliche Selbstständigkeit umfasst die eigenständige Entscheidung über Produkt- bzw. Leistungssortiment und deren Vertrieb.

Man differenziert zwischen **Kooperation** und **Konzentration**.

3.2.1 Kooperation

Unter Kooperation versteht man Unternehmen, die freiwillig zusammenarbeiten und deren rechtliche Selbstständigkeit erhalten bleibt. Die wirtschaftliche Selbstständigkeit wird nur in den Bereichen tangiert, in denen zusammengearbeitet wird.

Man unterscheidet die **lockere** und die **strenge Kooperation**.

Zu den Formen der lockeren Kooperation zählen:

→ Interessengemeinschaften → Konsortien

→ Arbeitsgemeinschaften → Joint Ventures

Ein Beispiel für die strenge Kooperation ist das Kartell.

Interessengemeinschaft (IG)

Sie ist die einfachste Form der Kooperation. In einer Interessengemeinschaft schlie-ßen sich Unternehmen, oft in Form einer Gesellschaft bürgerlichen Rechts (GbR) bzw. BGB-Gesellschaft (→ Themenbereich 10), zusammen, um an einem gemein-samen Ziel, beispielsweise einem Forschungsprojekt, zu arbeiten. Meist tritt sie gegenüber Dritten nicht in Erscheinung.

Beispiel:
Entwicklungsprojekt Hybridantrieb von BMW und Daimler Chrysler

Arbeitsgemeinschaft (ARGE)

Sie ist der Interessengemeinschaft sehr ähnlich. In der Regel wird eine BGB-Gesellschaft gegründet. Erstreckt sich die Arbeitsgemeinschaft über einen längeren Zeitraum, ist die Gründung einer GmbH üblich. Unternehmen entwickeln Arbeitsgemeinschaften, wenn sie z. B. einen gemeinsamen Bauauftrag durchführen (Stadionbau, Autobahnbau usw.). Nach Beendigung des gemeinsamen Projekts wird die Arbeits-gemeinschaft bzw. die Gesellschaft aufgelöst.

Beispiel:
Die ARGE A8 war für den Bau des Autobahnteilstücks zwischen Augsburg-West und Dachau verantwortlich.

Konsortium

Konsortien findet man vorrangig auf der Banken-ebene, wenn Banken große Kredit- oder Wert-papiergeschäfte gemeinsam durchführen, oder aber auch im Anlagenbau. Im Gegensatz zur Arbeitsgemeinschaft übernimmt das Konsortium weitere Aufgaben wie Planung und Finanzierung der Projekte.

Daimler und Telekom bildeten ein Konsortium, als die Maut-Stationen auf Deutschlands Autobahnen entstanden. Nach erfolgreicher Durchführung löste sich das Konsortium wieder auf.

Joint Venture

Joint Venture (= gemeinsames Wagnis) sind Kooperationen, die vermehrt im internationalen Bereich anzutreffen sind. Firmen, die sich im Ausland etablieren möchten, suchen sich einen „einheimischen" Partner und gründen mit ihm ein neues Unternehmen. Sie bringen ihr Know-how ein, was beim ausländischen bzw. „einheimischen" Unternehmen in erster Linie in der Kenntnis des Marktes besteht. Joint Ventures werden aber auch für gemeinsame Projekte, wie beispielsweise im Bereich F & E, eingegangen.

Daimler und „Beiqi Foton Motor" bildeten ein Joint Venture, an dem beide Unternehmen zu gleichen Teilen beteiligt sind. Dieses stellt Nutzfahrzeuge in China her. Vorteilhaft für das chinesische Unternehmen sind das Image und das Know-how von Daimler, während hingegen Daimler dieses Joint Venture als strategisch günstigen Eintritt in den chinesischen Markt für Nutzfahrzeuge sieht.
Beide Parteien beteiligen sich mit dem vereinbarten Kapital und Know-how. Die Gewinne und Verluste werden zwischen den Partnern aufgeteilt.

Kartell

Diese Kooperationsform interessiert Herrn Vitus besonders. Er hat in der Zeitung von Konzernen gelesen, die Preisabsprachen getätigt hatten. Eine Mrd. Euro Strafe wurde verhängt.

Das Kartell gehört zu den **strengen Kooperationsformen**. Von einem Kartell spricht man, wenn Unternehmen derselben Wirtschaftsstufe so zusammenarbeiten, dass der freie Wettbewerb am Markt behindert oder außer Kraft gesetzt wird. Die beteiligten Unternehmen bleiben sowohl rechtlich als auch wirtschaftlich selbstständig. Einzig durch die gemeinsamen Absprachen ist die wirtschaftliche Handlungsfreiheit eingeschränkt.

Die Kartellabsprachen beziehen sich, wie später noch zu sehen ist, auf zahlreiche Aufgabenbereiche. Da sich die Kartellunternehmen durch die Aushebelung des Wettbewerbs einen Vorteil zulasten des Verbrauchers verschaffen, hat der Gesetzgeber klare Regeln bzw. Verbote aufgestellt und droht mit hohen Geldbußen.
Trotzdem geraten Unternehmen immer wieder in Versuchung, sich auf diese Weise ein „Plus" zu verschaffen.

+ Vorteile von Kartellen

→ Preissenkungen, wenn die Kostenersparnisse an den Verbraucher weitergegeben werden

→ Stärkung der Marktmacht inländischer Unternehmen, um sich gegenüber ausländischen besser behaupten zu können

→ Kostensenkende Massenproduktion durch eine entsprechende Normung oder Typisierung

— Nachteile für die Verbraucher

→ Überhöhte Preise, da der Wettbewerb ausgeschaltet wird

→ Überhöhte Preise, da das Angebot künstlich knapp gehalten wird

→ Hemmung des technischen Fortschritts

→ Missbrauch der wirtschaftlichen Macht

→ Empfindliche Reaktion des Marktes aufgrund falscher Entscheidungen

Kartelle werden aus den unterschiedlichsten Beweggründen heraus geformt.

Quotenkartell
Jedem Kartellmitglied wird seine Produktionsmenge bzw. -quote vorgegeben, sodass keine Überkapazitäten entstehen und das Angebot künstlich knapp gehalten wird.

Preiskartell
Die EU verhängte eine Strafe von 74,8 Mio. Euro gegen einen japanischen Elektronikhersteller, weil diesem Preisabsprachen nachgewiesen werden konnten.

Rationalisierungskartell
Das Kartell einigt sich darauf, die Lebensdauer von Produkten zu beschränken, um eine positive Absatz- und Gewinnsituation zu gewährleisten.

Arten von Kartellen

Submissionskartell
Das Bundeskartellamt stellte fest, dass vier Baufirmen bei der Ausschreibung eines Projektes die Angebote unter sich abgestimmt hatten.

Kalkulationskartell
Die beteiligten Firmen vereinbaren eine identische Kalkulation mit dem Ziel, einheitliche Preise zu gestalten.

Gebietskartell
Das Bundeskartellamt deckte verbotene Preis- und Gebietsabsprachen zwischen Zementherstellern auf. Es wurden Rekordbußgelder in Höhe von 661 Mio. Euro verhängt.

Der Gesetzgeber hat mit dem **Gesetz gegen Wettbewerbsbeschränkungen** (GWB) umfangreiche und klare Richtlinien erlassen, um den freien Wettbewerb zu gewährleisten.

§ 1 GWB
Verbot wettbewerbsbeschränkender Vereinbarungen
Vereinbarungen zwischen Unternehmen, Beschlüsse von Unternehmensvereinigungen und aufeinander abgestimmte Verhaltensweisen, die eine Verhinderung, Einschränkung oder Verfälschung des Wettbewerbs bezwecken oder bewirken, sind verboten.

Dieses **grundsätzliche Verbot** wird durch die folgenden Paragrafen etwas relativiert. In den §§ 2 – 7 GWB werden spezielle Kartelle unter bestimmten Voraussetzungen erlaubt.

Das Bundeskartellamt und die Kartellbehörden der Bundesländer wachen darüber, dass der Wettbewerb nicht behindert wird. Unternehmen müssen von sich aus prüfen, ob sie die Bestimmungen erfüllen. Wenn diese unsicher sind, ob sie gegen das GWB verstoßen, stellen sie beim Kartellamt einen Antrag auf ein Negativattest. Das Kartellamt wird daraufhin tätig, überprüft und entscheidet über den Antrag. Dies gilt nur für nationale Gesellschaften. Im zwischenstaatlichen Bereich sind die EU-Kartellbehörden zuständig.

Nach § 2 GWB existiert eine **Legalausnahme und Freistellung vom Kartellverbot**, wenn

→ der Verbraucher durch das Kartell besser gestellt wird (Absprachen über einheitliche Normen und Typen für die Produktion),

→ die Warenerzeugung verbessert wird,

→ ein wirtschaftlicher und technischer Nutzen damit verbunden ist.

Ebenso sind nach § 3 GWB **Mittelstandskartelle** erlaubt, wenn der Wettbewerb durch sie nicht beeinträchtigt wird. Entscheidend hierfür ist der Marktanteil, den die Kartellunternehmen durch die Kooperation erreichen.
Wesentlich sind dabei die Maßgaben der EU-Kommission, nach denen der Marktanteil durch die Kooperation 10 % nicht übersteigen darf. Ziel ist die Stärkung kleiner und mittlerer Unternehmen.

Für einzelne Wirtschaftsbereiche kann eine Sonderregelung, eine sogenannte **Ministererlaubnis**, erlassen werden. Mit dieser werden bereits abgelehnte Zusammenschlüsse durch den Bundesminister für Wirtschaft wieder aufgehoben. Seine Entscheidung wird dabei von den volkswirtschaftlichen Auswirkungen und nicht von möglichen Wettbewerbsbeschränkungen geprägt.

Verstoßen Unternehmen gegen das GWB, kann dies nahezu existenzielle Sanktionen nach sich ziehen, wie

→ Nichtigkeit der Vereinbarung,

→ hohe Bußgelder,

→ strafrechtliche Sanktionen,

→ Vorteilsabschöpfung,

→ privatrechtliche Schadensersatzforderungen,

→ hoher Imageschaden.

Beispiele:
Aufzughersteller, die im Jahr 2007 illegale Preisabsprachen tätigten, wurden mit einer Rekord-Bußgeldsumme in Höhe von 1 Mrd. Euro belegt.
Vier Jahre zuvor erhob man wegen illegaler Gebietsabsprachen gegenüber einem Zementkartell ein Bußgeld in Höhe von 661 Mio. Euro.
Das Bundeskartellamt spricht in diesem Zusammenhang von „Hardcore-Kartellen".

Aufgaben

1. Recherchieren Sie für die Arbeitsgemeinschaft und das Konsortium ein Beispiel und stellen Sie deren Zusammenarbeit dar.

2. Lesen Sie den folgenden Artikel aufmerksam durch und beantworten Sie die Fragen im Anschluss.

Volvo und Vattenfall starten Joint Venture

2012 gehen Plug-in-Hybrid-Fahrzeuge in Serie

Im Jahr 2012 wird ein Volvo in Serienproduktion gehen, der über eine herkömmliche Wandsteckdose aufgeladen werden kann. Das schwedische Energieunternehmen Vattenfall und die Volvo Car Corporation gehen ein industrielles Joint Venture ein, um Plug-in-Hybrid-Fahrzeuge auf den Markt zu bringen. (...)

„Wir investieren in ein industrielles Joint Venture, um im Jahr 2012 in Schweden Plug-in-Hybrid-Fahrzeuge in Serienproduktion herzustellen, die sowohl mit Strom als auch mit Diesel angetrieben werden können. Für uns handelt es sich um ein wichtiges Entwicklungsprojekt und durch unsere Partnerschaft mit Vattenfall sind wir dem Ziel, unseren Kunden Fahrzeuge mit noch niedrigerer Umwelt-belastung anbieten zu können, einen riesigen Schritt näher gekommen", erklärt Stephen Odell, President und CEO der Volvo Car Corporation.

Sowohl bei Vattenfall als auch bei der Volvo Car Corporation ist man davon überzeugt, dass die Serienproduktion der Plug-in-Hybrid-Fahrzeuge und die Entwicklung der Infrastruktur neue Arbeitsplätze schaffen und Schweden dabei unterstützen kann, seine Position als Vorreiter für umweltverantwortliche Technologien zu halten. (...)

Wir hoffen, die Einführung von Elektroautos durch diese Zusammenarbeit beschleunigen zu können. (...)

Quelle: http://www.grueneautos.com/2009/06/volvo-und-vattenfall-starten-joint-venture-2012-gehen-plug-in-hybrid-fahrzeuge-in-serie (abgerufen am 13.06.2011)

  a) Beschreiben Sie, worin die Beweggründe für dieses Joint Venture liegen.

  b) Erläutern Sie, worin der Nutzen dieses Zusammenschlusses für beide Unternehmen liegt.

3. Der weltgrößte Bergbaukonzern BHP Billiton plante, die Nummer 2 am Weltmarkt, Rio Tinto, für ca. 114 Mrd. Euro zu übernehmen.
   Diskutieren Sie, welche Auswirkungen ein solcher Zusammenschluss für den Markt hätte.

4. Recherchieren Sie im Internet nach dem konkreten Fall der Übernahme von Ruhrgas durch EON, bei dem die Ministererlaubnis erteilt wurde.
   Stellen Sie Pro und Kontra einander gegenüber.

5. Fünf regionale Softwarehersteller wollen miteinander kooperieren und einen gemeinsamen Vertrieb aufbauen, um sich gegen die übermächtigen Wettbewerber behaupten zu können.
   Ein Vertreter des Marktführers ist der Meinung, dass es sich hier um ein Kartell handle und die Kooperation daher verboten sei.
   Beschreiben Sie, unter welchen Umständen ein solches Kartell trotz generellem Verbot erlaubt ist.

3.2.2 Konzentration

Der Verlierer gibt seine rechtliche und wirtschaftliche Selbstständigkeit auf.

Das ist Herrn Vitus dann doch zu heiß. Scheich Rashid al Cham, ein Wettbewerber von Herrn Vitus, ist schon seit Beginn ihrer Zusammenarbeit sehr an seiner Goggi Kartfun GmbH interessiert. Und nun will er doch glatt bei einem Schachspiel um das Unternehmen spielen.

Arbeiten Firmen so zusammen, dass sie die wirtschaftliche und/oder rechtliche Selbstständigkeit verlieren, spricht man von Konzentration.

Man unterscheidet zwei Arten von Konzentrationen:

→ **Konzern**: Die wirtschaftliche Selbstständigkeit wird eingeschränkt, da die verbundenen Unternehmen zwar rechtlich selbstständig bleiben, jedoch unter einer Leitung handeln.

→ **Fusion (Trust)**: Geben die Unternehmen zusätzlich zur wirtschaftlichen auch ihre rechtliche Selbstständigkeit auf, entsteht durch die Fusion ein neues Unternehmen.

Konzern

Für Herrn Vitus ist es wichtig, die Geschäftsentwicklung kontrollieren zu können. Nachdem er sich bei seinem Freund, Herrn Justus, über die rechtliche Situation bestens informiert hat, schickt er Herrn Guniang, Eigentümer der Jishi Ying, einen Vorschlag, wie er sich eine gemeinsame Zukunft vorstellen könnte. Herr Vitus möchte sich am Unternehmen von Herrn Guniang beteiligen und, wenn möglich, auch gerne die Kapitalmehrheit erlangen.

Ein Konzern entsteht, wenn rechtlich selbstständige Unternehmen kapitalmäßig miteinander verflochten sind und unter einheitlicher Leitung arbeiten. Das Aktiengesetz unterscheidet **Unterordnungskonzerne** und **Gleichordnungskonzerne**.

Unterordnungskonzern

Bei diesem liegt ein Beherrschungsverhältnis vor, was bedeutet, dass eines der Unternehmen eine höhere Macht- und Entscheidungsbefugnis hat.

Muttergesellschaft

Erwirbt ein Unternehmen die Kapitalmehrheit an einem anderen Unternehmen, so spricht man von einem **Mutter-Tochter-Verhältnis**. Die Unternehmen werden unter einheitlicher Leitung geführt und in der Regel schließt die Mutter mit ihren Töchtern Beherrschungs- und Gewinnabführungs-verträge ab.

Beispiel:

Unter der Leitung der Lufthansa AG arbeiten die Deutsche Lufthansa AG (Passagierbeförderung), die Lufthansa Cargo AG (Logistik), die Lufthansa Technik AG (Technik), die Lufthansa Systems AG (IT Services), die LSG Sky Chefs-Gruppe (Catering) und kleinere Unternehmen, wie die Lufthansa Flight Training GmbH oder auch die Lufthansa AirPlus Servicekarten GmbH, zusammen.

Holdinggesellschaft

Eine weitere Konstruktion ist die Bildung einer Holdinggesellschaft, die eine Kapitalbeteiligung an rechtlich und organisatorisch selbstständigen Unternehmen hält.

Die Holding ist rechtlich selbstständig und übt, im Gegensatz zum Mutterkonzern, keine eigene unternehmerische Tätigkeit aus. Sie ist für die strategische Führung, Finanzierung und Verwaltung der Tochtergesellschaften zuständig.
Auch hier bestehen Beherrschungs- und Gewinnabführungsverträge.
Die Töchter haben im operativen Bereich (Tagesgeschäft) die vollständige Führungsverantwortung. Die Pfeile in der Abbildung symbolisieren die Abhängigkeiten von Holding und Tochtergesell-schaften.

Beispiel:
Die Metro Group wird von der Holding Metro AG geleitet.
Tochtergesellschaften sind die Metro Cash & Carry, Real SB-Warenhäuser, Media Markt, Saturn, Galeria Kaufhof und die METRO Group Asset Management.

Die Goggi Kartfun GmbH hat mittlerweile die Kapitalmehrheit an den folgenden drei Unternehmen erlangt:

→ Motorenwerke Knatter GmbH

→ Motokart Schrauber GmbH

→ Zahnrad Rudl GmbH

Die Unternehmen werden strategisch von der Goggi Kartfun GmbH geführt. Es handelt sich um ein klassisches Mutter-Tochter-Verhältnis.
Der Rechtsanwalt von Herrn Vitus hat mittlerweile den Gewinnabführungsvertrag für die Unternehmen verfasst:

Gewinnabführungsvertrag

Zwischen der

Goggi Kartfun GmbH

und den folgenden Unternehmen

- Motorenwerke Knatter GmbH

- Motokart Schrauber GmbH

- Zahnrad Rudl GmbH

I. Beherrschungsvertrag

Die letztgenannten Unternehmen stehen unter der Leitung der Goggi Kartfun GmbH. Dies beinhaltet, Einfluss auf die Geschäftsführung der unterstellten Firmen nehmen zu können. Sie sind ihrerseits verpflichtet, den Weisungen Folge zu leisten.

II. Gewinnabführung

§ 1 Abführung des Jahresüberschusses

Die aufgeführten Unternehmen verpflichten sich, mit Jahresschluss zum Geschäftsjahresende ihren vollständigen Jahresüberschuss abzuführen.

§ 2 Gewinnrücklage

In kaufmännisch begründeten Fällen können die unterstellten Unternehmen den Jahresüberschuss in die Gewinnrücklage einführen, sofern dies von der Goggi Kartfun GmbH genehmigt wird.

§ 3 Übernahme von Verlusten

Die Goggi Kartfun GmbH übernimmt während der Vertragsdauer den Ausgleich möglicher Verluste.

Vorteil dieses Vertrages ist die Steuerung der finanziellen Ströme durch die Muttergesellschaft. Sie fungiert als „Bank" für die angeschlossenen Firmen. Die Holding bzw. Mutter muss eine entsprechende Verzinsung der Kredite verlangen.

Gleichordnungskonzern

Sind die Unternehmen innerhalb des Konzerns gleichberechtigt, spricht man von einer **Schwesterngesellschaft**. Die Leitung und die Koordination der Aktivitäten der Unternehmen werden vertraglich festgelegt.

Beispiel:
Die SIGNAL IDUNA Gruppe ist ein Gleichordnungskonzern, in dem u. a. die SIGNAL Krankenversicherung a. G., die IDUNA Vereinigte Lebensversicherung a. G., die SIGNAL Unfallversicherung a. G. und die Deutscher Ring Krankenversicherung a. G. als Obergesellschaften zusammengeschlossen sind.

Fusion (Trust)

Bei einer Fusion gehen kleinere Unternehmen mit ihrem gesamten Vermögen in einem größeren Unternehmen auf. Das bedeutet, dass das integrierte Unternehmen im Gegensatz zur Konzernbildung seine wirtschaftliche und rechtliche Selbstständigkeit aufgibt. Die Fusion kann entweder durch die Aufnahme eines Unternehmens oder durch die Neugründung mehrerer Unternehmen erfolgen.

Aus diesem Unternehmenszusammenschluss soll eine neue, größere und schlagkräftigere Firma entstehen, die wenn möglich auch auf dem Weltmarkt eine Rolle spielen wird. Eine solche Dimension zu erreichen, ist durch ein eigenes Wachstum heutzutage kaum mehr möglich. Demzufolge bleibt Unternehmen, die international von Bedeutung sein wollen, nichts anderes übrig, als ein Wachstum durch Zukäufe oder Verschmelzungen mit anderen Unternehmen zu erreichen.

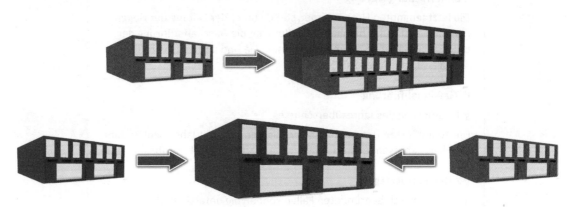

Die Führung des Unternehmens erfolgt durch eine neu gegründete Unternehmens- bzw. Geschäftsleitung.

Beispiele:

Trust durch Aufnahme: Fusion der Krankenkasse IKK Direkt und der Techniker Krankenkasse. Die IKK Direkt geht in der Techniker Krankenkasse auf.

Trust durch Neugründung: Fusion der Bayerischen Vereinsbank und der Bayerischen Hypotheken- und Wechselbank zur HypoVereinsbank.

Trotz vielfältiger Synergieeffekte führt der Zusammenschluss von Unternehmen nicht immer zum Erfolg.

Die hauptsächlichen Kritikpunkte finden ihre Ursachen in der fehlenden Akzeptanz und Information der Arbeitnehmer.

Werden in relativ kurzer Zeit mehrere Übernahmen realisiert, treten u. a. folgende Problembereiche auf:

→ Probleme, die Synergieeffekte tatsächlich nutzen zu können

→ Aufgabe der Eigenständigkeit

→ Verlust der Bindung der Mitarbeiter zum Unternehmen

→ Gefahr der Kundenabwanderung

→ Konzentration der Kompetenzen auf die Harmonisierung der Arbeitsprozesse

Merke:

→ Unternehmenskonzentrationen erfolgen durch die Bildung von Kooperationen oder Konzentrationen.

→ Kooperationen sind Zusammenschlüsse, bei denen die rechtliche Selbstständigkeit erhalten bleibt und lediglich auf der wirtschaftlichen Ebene eine mehr oder weniger umfangreiche Zusammenarbeit vereinbart wird.

→ Die Konzentration führt dazu, dass neben der wirtschaftlichen auch die rechtliche Selbstständigkeit aufgegeben wird.

→ Um durch solche Zusammenschlüsse von Unternehmen die Marktmechanismen nicht zu beeinflussen und das freie Zusammenspiel von Angebot und Nachfrage nicht zu behindern, hat die Regierung mit dem Gesetz gegen Wettbewerbsbeschränkungen umfangreiche Richtlinien erlassen.

Aufgaben

1. Erkunden Sie die Konzernstruktur der Metro Group.
   Beschreiben Sie diese und bilden Sie sie grafisch ab.

2. Der schwedische Blockhaushersteller Timmerhus AG und die bayerische Holzhaus Häusl GmbH beabsichtigen, sich zusammenzuschließen. Beide Unternehmensleitungen sind sich jedoch bezüglich der Verteilung der Macht- und Entscheidungsverhältnisse noch nicht einig.
   Stellen Sie die möglichen Konstellationen anhand einer Übersicht dar.

3. Erklären Sie, welchen Sinn ein Gewinnabführungsvertrag hat.
   Recherchieren Sie zusätzlich, was man unter „Cash-Pooling" versteht.

4. Studien zufolge gilt mehr als die Hälfte aller Fusionen als Fehlschlag. Die Potenziale können nicht ausgenutzt werden.
   Beschreiben Sie drei Gründe, die die Ergebnisse dieser Studie stützen.

4 Gefahren bei Unternehmenszusammenschlüssen

Es scheint zu schön, um wahr zu sein.
Kann das denn wirklich so einfach laufen?
Da ist doch sicherlich irgendwo ein Haken.

Unternehmenszusammenschlüsse haben stets
das Ziel, positive Effekte wie beispielsweise
Kosteneinsparungen oder eine Verbesserung der
Marktstellung zu erreichen.

Die Entscheidung für den Zusammenschluss wird von der Führung des jeweiligen Unternehmens
getroffen. Die Umsetzung allerdings erfolgt durch die Mitarbeiter.
Und deren Reaktionen können durchaus unterschiedlich sein:

→ Verunsicherung, da Synergieeffekte möglicherweise zum Stellenabbau führen

→ Ablehnung, da die Identifikation mit dem neuen Gebilde fehlt

→ Abwehrhaltung, mit neuen Kollegen zusammenzuarbeiten

→ fehlende Kommunikation der Führung über die Ziele fördert Dienst nach Vorschrift oder inner-
liche Kündigung

→ Angst vor Ideenklau und Know-how-Abzug.

Neben diesen **menschlichen Problemen** treten natürlich auch **organisatorische Probleme** auf.
Erwünschte Rationalisierungseffekte, wie die Zusammenlegung von Abteilungen oder die Nutzung
gemeinsamer Ressourcen, können schnell zum Bumerang werden. Allein die Vereinheitlichung der
EDV kann sich als äußerst langwierig erweisen.
Zeitpläne werden nicht eingehalten, Arbeitsabläufe kommen ins Stocken und dies wirkt sich
natürlich auch auf die gesamte Leistungsfähigkeit des Unternehmens aus. Imageschäden und
Kundenverärgerung sind zwangsläufig die Folge.

Arbeitsauftrag:

Recherchieren Sie im Internet nach gescheiterten Fusionen wie beispielsweise von BMW und Rover
oder Daimler und Chrysler.
Analysieren Sie, welche Schwierigkeiten ausschlaggebend für das Misslingen waren.

5 Staatliche Wettbewerbspolitik

Angebot und Nachfrage regulieren den Preis. Dieser Regulations-
mechanismus wird durch den freien Wettbewerb am Leben gehalten.
Problematisch wird es, wenn Marktteilnehmer versuchen, den
Wettbewerb zu ihren Gunsten zu verzerren. In diesem Fall ist der
Staat gezwungen, regelnd bzw. vorbeugend einzugreifen.

Gesetz gegen Wettbewerbsbeschränkungen (GWB)

Es soll den freien und ungehinderten Wettbewerb unter den Marktteilnehmern sicherstellen.
Es verbietet grundsätzlich die Bildung und den Missbrauch von marktbeherrschenden Zusammenschlüssen der Unternehmen.

Die Kontrolle und die Durchsetzung des GWB ist Aufgabe des **Bundeskartellamts** mit Sitz in Bonn.
Fälle, die ausschließlich regionale Auswirkungen haben, werden von den einzelnen Landeskartell-
behörden überwacht. Die **Fusionskontrolle** obliegt ausschließlich dem Bundeskartellamt. Es prüft,
ob ein Zusammenschluss von Unternehmen zu einer wesentlichen Beeinträchtigung des Wettbewerbs führen kann oder unbedenklich ist. Nur wenn das Bundeskartellamt sein Okay gibt, kann
eine solche Vereinigung vollzogen werden.

Kontrollpflichtiger Zusammenschluss von Unternehmen

Nach § 35 Abs. 1 GWB sind Fusionen dann kontrollpflichtig, wenn die
beteiligten Unternehmen weltweit einen Umsatz von mehr als 500
Mio. Euro und erzielen dabei gleichzeitig mindestens ein Unternehmen in Deutschland einen Umsatz von mehr als 25 Mio. Euro erreicht.
Das Bundeskartellamt veröffentlicht auf seiner Homepage unter
www.bundeskartellamt.de Entscheidungen für oder gegen
geplante Fusionen.

In vielen Fällen werden Fusionen nur unter bestimmten Auflagen
(Verkauf von Niederlassungen an Mitbewerber usw.) genehmigt.

Fehlende Kontroll- und Anzeigepflicht beim Zusammenschluss von Unternehmen

Zusammenschlüsse müssen nicht immer angezeigt werden. In § 35 Abs. 2 GWB sind die Bedingungen dafür geregelt. Demnach entfällt eine Kontroll- und Anzeigepflicht, wenn die beteiligten
Unternehmen weltweit einen geringeren Umsatz als 10 Mio. Euro erzielt haben und es sich um
einen Markt handelt, der ein geringeres Marktvolumen und geringere Bedeutung hat.
In Einzelfällen können, wie bereits erwähnt, schon verbotene Fusionen per **Ministererlaubnis**
legitimiert werden. Der Bundeswirtschaftsminister kann sich über die Entscheidung des Bundeskartellamts hinwegsetzen, wenn nach Einschätzung der Bundesregierung ein erhöhtes Interesse
der Allgemeinheit die Beeinträchtigung des Wettbewerbs aufhebt.

Arbeitsauftrag:

Informieren Sie sich im Internet über das Bundeskartellamt (www.bundeskartellamt.de), auf dessen
Seiten über bereits entschiedene Fälle berichtet wird.
Wählen Sie einen Fall aus und stellen Sie diesen der Klassengemeinschaft vor.

6 Globalisierung

Ein Grund für die steigenden Unternehmensverschmelzungen liegt in der vermehrten Internationalisierung und Globalisierung. In den vergangenen Jahren wurde das Wort Globalisierung zum Modewort. Aber was versteht man eigentlich darunter?

Wie sich Globalisierung auswirkt, erleben Sie jeden Tag, z. B.:

→ indisches Essen und chinesische Gewürze im Supermarkt

→ australischer Wein im Kaufhaus

→ weltweiter Einkauf per Internet rund um die Uhr

Aber auch:

→ Kinderarbeit in Pakistan

→ Ausbeutung ganzer Kontinente

Die Globalisierung ist keine Erfindung der Neuzeit. Es gibt sie schon seit Jahrtausenden. So wurden Waren von China bis Italien entlang der Seidenstraße gehandelt (Strecke ca. 8.000 km).

Trotzdem gilt heute dieses Wort als Synonym für Unternehmen, die weltweit miteinander verflochten bzw. vernetzt sind. Betrachtet man diese Warenströme, so bekommt man den Eindruck, die Welt sei ein kleines Dorf.

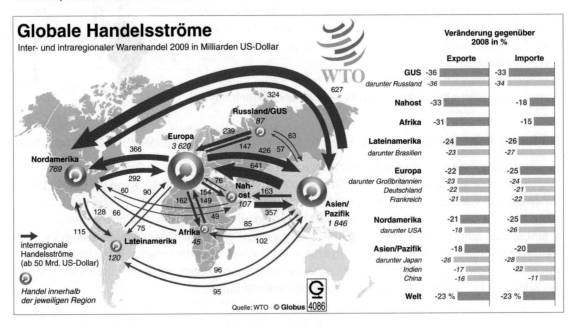

Der rege Warenaustausch wird durch den Abbau der Zölle aufgrund allgemeiner Zoll- und Handelsabkommen und durch Institutionen wie die Welthandelsorganisation (WTO = World Trade Organization), die den Welthandel fördern, ermöglicht.

Hinzu kommen die sinkenden Transportkosten. 90 % bis 95 % aller Waren werden heute über den Seeweg transportiert. Riesige Containerschiffe, die Platz für bis zu 14.000 Container bieten, führen dazu, dass Transportkosten in den Hintergrund treten. Die Lieferung einer Flasche australischen Weins kostet von Australien bis zum Hamburger Hafen gerade einmal 12 Cent.

Eine weitere Komponente, die für die Globalisierung ursächlich ist, besteht in der schnellen weltweiten Kommunikation.

Neue Technologien und die Verbreitung des Internets ermöglichen es, Entscheidungen in Sekundenschnelle über Kontinente hinweg treffen zu können. Warenströme sind zu jeder Zeit, an jedem Ort nachzuverfolgen und entsprechend zu disponieren.

Die Globalisierung führt dazu, dass einzelne Unternehmenszweige und Funktionen nicht mehr zwangsläufig an einem Standort oder in einem Land gebündelt sein müssen. Über Grenzen hinweg entstehen international agierende Großkonzerne, die die spezifischen Eigenschaften und Vorteile einzelner Staaten nutzen.

Vernetzung der Märkte

Wegfall der Zölle

Ursachen der Globalisierung

Informations- und Kommunikationstechnologie

Verringerung der Transportkosten

Folgen der Globalisierung

Die Globalisierung hat die Weltwirtschaft verändert.

Lohnintensive Betriebe, die ihren Sitz in Deutschland haben, sind im internationalen Vergleich zweitrangig, da sich die Produktion in sogenannte Billiglohnländer verlagert. Der Kampf um die Arbeitsplätze wird härter.

Mittlerweile sind Billiglohnländer nicht mehr nur ein Beschaffungsmarkt für günstige Arbeitskräfte, sondern durch die Erhöhung des Volkseinkommens zunehmend ein wichtiger Absatzmarkt.

Mit der Globalisierung haben sich jedoch auch die Werte verschoben.

Kapital und wirtschaftliche Leistungsfähigkeit werden zu bestimmenden Faktoren für den Wohlstand einer Volkswirtschaft. Auch Länder, die den großen Industrienationen hinterherhinken, sehen mittlerweile ihre Chancen, schnell aufzuholen, aber dies nicht selten auf Kosten der Umwelt.

+ Vorteile der Globalisierung

→ Sinkende Konsumentenpreise, da Produkte dort produziert werden, wo sie günstig hergestellt werden können

→ Rascher technologischer Fortschritt, da Expertenwissen weltweit verfügbar ist

→ Schaffung von Arbeitsplätzen und Wohlstand durch verstärkten weltweiten Handel

— Nachteile der Globalisierung

→ Entwicklung größerer und mächtigerer Unternehmen, mit der Gefahr, dass diese die Wirtschaft diktieren

→ Ausbeutung von Entwicklungsländern (Rohstoffe, Arbeitskraft usw.)

→ Erhöhte Umweltbelastung durch weltweite Transportwege

→ Die Globalisierung führt zu einer Konzentration der Finanzmärkte und somit besteht die Gefahr, dass aus nationalen Krisen schnell internationale werden.

Aufgaben

1. Erstellen Sie eine Collage zum Thema Globalisierung.

2. Der Weg einer Jeans vom Ernten der Baumwolle bis hin zur fertigen Hose im Geschäft kann als Synonym für die weltweite Zusammenarbeit stehen. Recherchieren Sie im Internet, wie viele Kilometer eine Jeans auf dieser Reise zurücklegt.

3. Recherchieren Sie in Videoplattformen (z. B. YouTube) wie Deutschland, Amerika, China, Russland und Afrika zum Thema Globalisierung stehen.
   Analysieren Sie, wo Parallelen oder Unterschiede liegen.

4. Erstellen Sie in Gruppenarbeit einen Kurzfilm oder Podcast zum Thema Globalisierung. Stellen Sie dabei die positiven und negativen Seiten dieser Entwicklung dar.

Zusammenhängende Fallaufgabe

Unternehmensbeschreibung

Firma	Raqueta GmbH
Geschäftssitz	Fabrikstraße 122 84028 Landshut
Telefon	0871 866000-0
Fax	0871 866000-3
Internet	www.raqueta.com
E-Mail	info@raqueta.de
Geschäfts- führender Gesellschafter	Donald Blum
Produktions- standort	Landshut
Geschäftsjahr	1. Januar bis 31. Dezember
Gegenstand des Unternehmens	Hersteller für Tennis- und Speedmintonschläger
Patent	Seit 2007 – Weltneuheit „Single-String"-Besaitungssystem
Umsatz- und Ge- winnentwicklung	

Donald Blum sieht der Zukunft mit gemischten Gefühlen entgegen. Der Markt für Tennisschläger wird von taiwanesischen Herstellern dominiert. Um bedeutenden Einfluss nehmen zu können, ist die Raqueta GmbH zu klein und zu unbedeutend. Allerdings wird Herr Blum von eben diesen Herstellern umworben, da sein Patent äußerst vielversprechend erscheint. Er überlegt, ob ein Unternehmenszusammenschluss eine Lösung wäre, um die Entwicklung des Unternehmens anzustoßen.

1. Beschreiben Sie vier Motive, die für Herrn Blum ausschlaggebend sein könnten, eine Zusammenarbeit mit dem taiwanesischen Hersteller Tengui anzustreben.

2. Die Raqueta GmbH hat neben dem erwähnten Zusammenschluss noch weitere Alternativen. Erklären Sie, um welche Form des Zusammenschlusses (nach Produktionsstufe) es sich bei den folgenden Möglichkeiten handelt und welche Vorteile Herr Blum daraus gewinnen könnte:

a) Zusammenschluss mit dem Reiseveranstalter Time for Tennis AG

b) Zusammenschluss mit dem Handelskonzern Sportworld AG

3. Herr Blum möchte die Selbstständigkeit seines Unternehmens nicht aufs Spiel setzen. Erläutern Sie, welche Form der Zusammenarbeit dementsprechend für die Raqueta GmbH passend wäre.

4. Der Schlägerhersteller Tentec macht Herrn Blum folgenden Vorschlag:
Er kauft 60 % der Raqueta GmbH, und die Fertigung der Schläger erfolgt in Taiwan. Im Gegenzug werden die Tennisschläger für die unter Vertrag stehenden Spieler weiterhin in Handarbeit in Landshut gefertigt.
Benennen Sie die Form des Zusammenschlusses.

5. Herr Blum möchte auf das Angebot nicht eingehen. Vielmehr interessiert ihn die Offerte des Squash- und Badmintonschlägerherstellers Yuma. Dieser plant den Eintritt in den Tennis- schlägermarkt und möchte auch für die Trendsportart Speedminton ein Sortiment anbieten. Auch Yuma könnte sich eine Fusion mit der Raqueta GmbH vorstellen.

a) Erklären Sie, was man unter einer Fusion versteht.

b) Die Fusion kann auf zwei Arten erfolgen, durch Aufnahme oder durch Neugründung. Herr Blum bittet Sie, ein Modell in seinem Sinn zu erarbeiten, das als Vorschlag für das Gespräch mit Yuma dienen soll.

6. Um die Gewinnsituation zu verbessern, schlägt Tengui vor, den Markt in Deutschland aufzu- teilen. Tengui übernimmt Norddeutschland und der neu gebildete Trust Süddeutschland.

a) Beschreiben Sie, um welche Art von Kartell es sich handelt.

b) Erklären Sie, unter welchen Umständen ein Kartell erlaubt ist.

TB 12 Investition und Finanzierung

Investition und Finanzierung

Dieser Themenbereich zeigt die Möglichkeiten auf, die Unternehmen heute zur Seite stehen, ihre finanzielle Situation zu gestalten. Neben den unterschiedlichen Aspekten des Kapitalbedarfs, der in Unternehmen entstehen kann, wird verstärkt auf den Bereich der Investitionen bzw. auf deren Rentabilitätsberechnungen eingegangen.

Im darauffolgenden Abschnitt steht die Kreditwürdigkeitsprüfung im Vordergrund. Erörtert wird, nach welchen Gesichtspunkten Banken oder Kreditgeber bei Kreditanträgen entscheiden. Zentraler Ausgangspunkt hierfür ist die Bilanzanalyse. Neben der Wirtschaftskraft des Unternehmens erwarten Banken für eine mögliche Kreditvergabe zusätzliche Kreditsicherheiten, die abschließend dargestellt werden.

1 Der Kapitalbedarf eines Unternehmens

Die Goggi Kartfun GmbH hat sich im Laufe der Zeit zu einem großen Unternehmen entwickelt. Herr Vitus expandierte durch Unternehmenszukäufe und besitzt mittlerweile im internationalen Kartsport einen sehr guten Ruf. Stetig arbeitet er weiter an seinem Unternehmen, um die erfolgreiche Situation möglichst lange aufrechterhalten zu können. Seine Hauptaufgabe sieht er darin, unermüdlich die Finanzen im Griff zu haben.

Primär wichtig für jedes Unternehmen ist die vorausschauende Kapitalbedarfsplanung. Um dieser Rechnung tragen zu können, werden Finanzpläne aufgestellt, die die finanzielle Entwicklung des Unternehmens jederzeit überblicken lassen. So ist gewährleistet, dass mögliche Engpässe frühzeitig erkannt werden und das Unternehmen rechtzeitig darauf reagieren kann.

Finanzplan Goggi Kartfun GmbH	Monate Jan.	Febr.	März	Apr.	Mai	Juni	Juli	Aug.	Sept.	Okt.	Nov.	Dez.
Kassenbestand												
Einnahmen												
Umsatz Inland												
Umsatz Ausland												
Kreditaufnahme (neu)												
Einlagen (privat)												
Zinserträge												
Sonstige Einnahmen												
Summe verfügbare Mittel												
Ausgaben												
Ausgaben R/H/B-Stoffe												
Warenrechnungen												
Personalkosten												
Raumkosten												
Fuhrparkkosten												
Werbeausgaben												
Steuerzahlungen												
Zinsaufwand												
Übrige Kosten												
Kreditrückzahlungen												
Entnahmen (privat)												
Investitionstätigkeiten												
Sonstige Ausgaben												
Summe benötigte Mittel												
+ Offene Posten Debitoren												
- Offene Posten Kreditoren												
Über-/Unterdeckung												

In einem Unternehmen existiert zu jeder Zeit ein Kapitalbedarf. Bei jedem neuen Projekt ist eine Vorfinanzierung unumgänglich, da die Ausgaben z. B. für Werkstoffe, Personal usw. meist zeitlich deutlich vor den Einnahmen liegen.

Je nach Unternehmen und Branche differiert die Höhe des Kapitalbedarfs.

Beschaffung — Produktion — Absatz

Fertigungsverfahren und Sortiment

Wie in Themenbereich 1 gezeigt, macht es einen großen Unterschied, ob in Einzel- oder Massenfertigung produziert wird. Die unterschiedlichen Anforderungen an die Ausstattung (Maschinen, Anlagen usw.) und auch die Sortimentsgestaltung haben Auswirkungen auf die notwendige Kapitalausstattung bzw. den finanziellen Bedarf des Unternehmens.

Größe des Unternehmens

Der Kapitalbedarf ändert sich zwangsläufig mit zunehmender Größe des Unternehmens. Vor allem die Fixkosten variieren mit der Unternehmensgröße.

Lagerhaltung

Die Kosten, die für die Lagerung entstehen, hängen von den Besonderheiten der zu lagernden Produkte ab, zum einen von deren Wert (Diamantring, Schrauben usw.) und zum anderen von der Notwendigkeit einer besonderen Lagerung (z. B. Kühlung, Trockenraum). Wie lange das Kapital

im Lager gebunden ist, resultiert aus der Umschlagshäufigkeit der Produkte (ein Juwelier hat eine andere Umschlagshäufigkeit als beispielsweise ein Blumenhändler).

Rechtsform

Auch die Wahl der Rechtsform hat Einfluss auf die notwendigen Geldmittel. Folgende Kriterien ziehen unterschiedliche finanzielle Aufwendungen nach sich:

→ Gründungskosten

→ gesetzlich vorgeschriebene Kapitaleinlagen

→ Rechnungslegung (Einnahme-Überschussrechnung oder Bilanz usw.)

Zahlungsgewohnheiten der Kunden

Ein sehr häufig zitiertes Thema ist die Zahlungsmoral der Kunden.
Aus Servicegründen gewähren Unternehmen den Konsumenten attraktive Zahlungskonditionen. Kaum ein Geschäftspartner nutzt jedoch die Möglichkeit des Skontoabzugs. Im Gegenteil, ein Großteil der Kunden zahlt seine Rechnungen erst nach 30 bis 60 Tagen. Für den Gläubiger bedeutet dies eine noch längere Kapitalbindung.

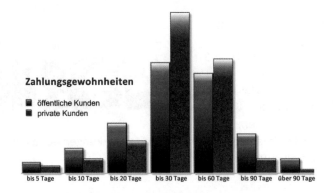

Konjunkturelle und saisonale Schwankungen

Der Kapitalbedarf variiert je nach konjunktureller Phase. In der Boomphase ist der Kapitalbedarf erhöht, da das Unternehmen durch die hohe Nachfrage an der Kapazitätsgrenze arbeitet und dementsprechend vorfinanzieren muss.
Aus den gleichen Gründen verändern auch saisonale Schwankungen den Kapitalbedarf. So ist die Speiseeisproduktion in den Sommermonaten um ein Vielfaches höher und damit auch die finanziellen Aufwendungen.

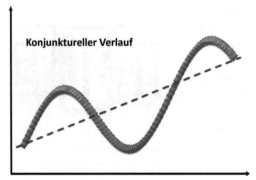

2 Investitionsanlässe

Der Kapitalbedarf eines Unternehmens unterscheidet sich gar nicht so sehr vom Kapitalbedarf eines Schülers. Der des Schülers wird auch von bestimmten Kriterien beeinflusst. Je nach Bedürfnissen und notwendigem Kapital werden bestimmte Investitionen getätigt. Möglichen Ausgaben für Kleidung, Diskothekenbesuche, Mobilfunkgebühren, Sport, Spiele, Musik usw. müssen die entsprechenden Einnahmen gegenüberstehen, da sonst der Bedarf nicht gedeckt werden kann. Sollten hier unvorhergesehene oder langfristige Projekte, wie beispielsweise der Führerschein oder ein eigenes Auto hinzukommen, so ist auch ein Schüler gezwungen, einen Finanzplan aufzustellen.

Die Goggi Kartfun GmbH hat aktuell einen Kapitalbedarf, da folgende Bedürfnisse bestehen:

Nachdem der weltweite Absatz der Kinderkarts erfreulicherweise gestiegen ist, möchte die Goggi Kartfun GmbH eine neue Fertigungslinie einführen. Dafür ist eine neue Fertigungsanlage notwendig.

Weiter muss für die Produktion des neuen F4-E der alte Industrieroboter ausgetauscht werden.

Außerdem ist geplant, die Lackierung nicht mehr durch ein Fremdunternehmen durchführen zu lassen, sondern in die Fertigungsstraße zu integrieren.

Die seit langem überfällige Umstellung auf das neue Softwaresystem SAP R3 soll in diesem Quartal umgesetzt werden. Man erwartet sich davon eine deutliche Optimierung der Arbeitsabläufe.

Unter **Investitionen** versteht man die Beschaffung oder auch die Herstellung von Vermögensgegenständen, die dem Unternehmen langfristig dienen.
Diese sind im Speziellen

→ Sachinvestitionen (Maschinen, Grundstücke, Betriebsgebäude usw.),

→ Finanzinvestitionen (Beteiligungen, Wertpapiere usw.),

→ Investitionen in immaterielle Vermögensgegenstände (Patente, Lizenzen, F & E usw.).

Neuinvestitionen

Sie werden bei Neugründungen oder bei der Neueröffnung von Fertigungsbereichen oder Niederlassungen getätigt. Neuinvestitionen sind zwangsläufig mit einer Kapazitätserhöhung verbunden.

Investition in eine neue Fertigungsanlage für die erstmalige industrielle Produktion von Kinderkarts.

Folgeinvestitionen

Folge- bzw. Ersatzinvestitionen werden dann notwendig, wenn Vermögensgegenstände ersetzt werden müssen.

Um die Produktion aufrechtzuerhalten, muss der defekte Industrieroboter ersetzt werden.

Erweiterungsinvestitionen

Diese zielen darauf ab, die Kapazitäten des Unternehmens zu erweitern.

Investition in die Erweiterung der Fertigungsstraße durch zusätzliche Integration einer Lackieranlage

Rationalisierungsinvestitionen

Sie werden aufgrund technischer Neuerungen oder Weiterentwicklungen durchgeführt und haben zum Ziel, die Arbeitsabläufe zu optimieren bzw. eine höhere Produktivität zu erreichen.

Die Goggi Kartfun GmbH verspricht sich von der Umstellung auf eine neue Software eine Vereinfachung der Geschäftsprozesse und Abläufe im Unternehmen.

Desinvestitionen

Werden liquide Mittel gebraucht, um die Zahlungsfähigkeit sicherzustellen, oder nicht mehr benötigte Vermögensgegenstände veräußert, spricht man von Desinvestition.

Die Goggi Kartfun GmbH könnte sich von einem nicht mehr benötigten Firmengebäude trennen und anschließend die frei gewordenen finanziellen Mittel für Neu- oder Folgeinvestitionen einsetzen.

Aufgabe

Lesen Sie die Anzeigenausschnitte aufmerksam durch und entscheiden Sie, um welche Investitionsanlässe es sich handelt.

→ „Die Investition in den neuen Industrieroboter bringt eine Reduzierung der Stückkosten in Höhe von 8 %."

→ „Der Schwerpunkt unserer Investitionen lag im Bau des neuen Produktionsbetriebes im für uns strategisch wichtigen Ungarn."

→ „Wir investierten 600.000,00 €, um die alten Maschinen auszutauschen."

→ „Im Rahmen der Umstrukturierung und der Konzentration auf die Kernkompetenzen trennte sich die Sunstar Holding AG von ihrer 12-prozentigen Beteiligung am Reisekonzern Away SE."

3 Investitionsentscheidungen

Die erste und wichtigste Investition, die Herr Vitus durchführen muss, ist die Ersatzinvestition des Industrieroboters, da ansonsten die Produktion nicht sichergestellt werden kann. Die Entscheidung fällt ihm in diesem Fall relativ leicht, da sie durch die Konstruktion der Fertigungsstraße bereits vorgegeben ist.

Schwieriger werden die weiteren Investitionsentscheidungen. Hier bedarf es genauer Überlegungen, da die festgelegten Entschlüsse weitreichende Folgen haben können. Fehlinvestitionen gefährden unter Umständen die Existenz des Unternehmens. Die Übereinkunft über eine Investition aus technischer Sicht wird in aller Regel leicht zu entscheiden sein. Problematisch ist die Bewertung, wie sinnvoll diese aus wirtschaftlicher Sicht ist.

Grundsätzlich stellen sich aus wirtschaftlicher Sicht zwei Fragen:
1. Wie rentabel ist die Investition?
2. Make or buy? Kann das Investitionsgut selbst erstellt oder muss es bezogen werden?

3.1 Rentabilität von Investitionen

Wann ist eine Investition rentabel?
Ein Snowboarder, der im Sommer sechsmal die Woche auf dem Gletscher und im Kraftraum trainiert, erwartet, dass sich dieser Einsatz im nächsten Winter bei seinen Rennen in entsprechenden Resultaten niederschlägt. Für Unternehmen gilt dies ebenso. Auch ihre Investitionen müssen sich lohnen.
Die Rentabilität gibt Aufschluss darüber, wie erfolgreich eingesetztes Kapital vermehrt wird.

Beispiel: Die beiden hier vorgestellten Unternehmen haben viel investiert und behaupten beide, sie seien die erfolgreicheren Unternehmer. Wer hat Recht? Pino's Pub erwirtschaftete im vergangenen Geschäftsjahr einen Gewinn von 52.000,00 €.
Boutique „Paris" mit deutschlandweit 30 Niederlassungen schloss das Geschäftsjahr mit einem Gewinn von 180.000,00 €.

Welches Unternehmen ist rentabler?
Die Höhe des Gewinns sagt relativ wenig über die Rentabilität aus. Um die beiden Unternehmen vergleichen zu können, muss der Gewinn zu den relevanten Größen (Kapital, Umsatz usw.) in Bezug gesetzt werden.

Eigenkapitalrentabilität bzw. Unternehmerrentabilität

Diese Kennzahl drückt aus, wie hoch sich das Eigenkapital im Laufe einer Periode verzinst.

$$\text{Eigenkapitalrentabilität} = \frac{\text{Reingewinn} \cdot 100}{\text{Eigenkapital}}$$

Gesamtkapitalrentabilität bzw. Unternehmensrentabilität

Diese Kennzahl setzt den Reingewinn und die Zinsaufwendungen für Fremdkapital ins Verhältnis zum Gesamtkapital des Unternehmens. Firmen, die Fremdkapital aufnehmen, müssen zusätzlich die Zinsaufwendungen erwirtschaften.

Da die Kennzahl die Leistungsstärke ausdrücken soll, werden die Fremdkapitalzinsen zur besseren Vergleichbarkeit miteinbezogen.

$$\text{Gesamtkapitalrentabilität} = \frac{(\text{Reingewinn} + \text{FK} - \text{Zinsen}) \cdot 100}{\text{Gesamtkapital}}$$

Umsatzrentabilität

Die Umsatzrentabilität setzt den Reingewinn ins Verhältnis zum Umsatz.

$$\text{Umsatzrentabilität} = \frac{\text{Reingewinn} \cdot 100}{\text{Umsatz}}$$

Beispiel:

Pino's Pub hat seinen Gewinn mit einem Eigenkapitaleinsatz von 150.000,00 € erwirtschaftet.

$$\text{Eigenkapitalrentabilität} = \frac{52.000,00\ € \cdot 100}{150.000,00\ €} = 34,66\ \%$$

Das Eigenkapital des Unternehmens Boutique „Paris" beträgt 9 Mio. Euro.

$$\text{Eigenkapitalrentabilität} = \frac{180.000,00\ € \cdot 100}{9.000.000,00\ €} = 2,00\ \%$$

Der Einsatz des Eigenkapitals verzinst sich für Pino's Pub zu 34,66 %. Dies ist mit keiner anderen Anlageform erreichbar. Die Boutique „Paris" ist allerdings mit einer Rendite von 2 % wenig erfolgreich. Der Sieger steht fest.

Bedeutung

Die Rentabilitätsrechnung hat eine große Aussagekraft für den Erfolg eines Unternehmens wie auch für den Erfolg einer Investition. Entscheidend dabei sind nicht die absoluten Zahlen, sondern deren Verhältnis. Auf diese Art und Weise können anhand von Vergleichszahlen Betriebsvergleiche mit anderen Unternehmen durchgeführt werden.
Entsprechende Richtzahlen kann ein Unternehmer bei Verbänden wie der Handwerkskammer oder der Industrie- und Handelskammer erfragen.

Wenn Unternehmen Investitionsentscheidungen treffen, erfolgt der Entschluss meist auf Basis von Rentabilitätsvergleichen.

Herr Vitus möchte eine neue Maschine für die Fertigung anschaffen.
Nach den Recherchen seiner Mitarbeiter kommen zwei Maschinen in die engere Wahl.
Der Rotomat 09-i und der Roto CX.
Herr Vitus möchte anhand der Leistungsmerkmale und selbstverständlich der betrieblichen
Anforderungen einen Rentabilitätsvergleich durchführen.

Rentabilitätsvergleich:

Rotomat 09-i
Anschaffungswert: 68.000,00 €
Leistung: 11.000 St./Jahr
Arbeitszeit: 2.000 Std./Jahr à 32,00 €
Fixkosten: 12.000,00 €/Jahr
VK: 8,90 €/St.

Leistungen:
Verkaufserlös:
(11.000 St. · 8,90 €) = 97.900,00 €

Kosten:
(2.000 Std. · 32,00 €) + 12.000,00 €
= 76.000,00 €

Gewinn: = 21.900,00 €

Rentabilität:

$$= \frac{21.900,00\ € \cdot 100}{68.000,00\ €} = 32,21\ \%$$

Roto CX
Anschaffungswert: 41.300,00 €
Leistung: 10.000 St./Jahr
Arbeitszeit: 2.000 Std./Jahr à 32,00 €
Fixkosten: 14.000,00 €/Jahr
VK: 8,90 €/St.

Leistungen:
Verkaufserlös:
(10.000 St. · 8,90 €) = 89.000,00 €

Kosten:
(2.000 Std. · 32,00 €) + 14.000,00 €
= 78.000,00 €

Gewinn: = 11.000,00 €

Rentabilität:

$$= \frac{11.000,00\ € \cdot 100}{41.300,00\ €} = 26,63\ \%$$

So, nun steht es für Herrn Vitus fest: Er ordert den Rotomat 09-i. Hier ist die Rentabilität höher.

Aufgaben

1. Frau Boden erbt, und das bedeutend! Sie möchte ihr Geld gewinnbringend anlegen. Ihr
   schwebt vor, in eine Boutique zu investieren. Unter ihren Bekannten sind zwei Textilunter-
   nehmer, die durchaus an einer stillen Beteiligung Interesse hätten.
   Frau Boden lässt sich die entscheidenden Unternehmenszahlen geben, bevor sie sich festlegt.
   Sie bittet Sie um Ihre Unterstützung.

Unternehmen	Gewinn Vorjahr	Gewinn aktuelles Jahr	Eigenkapital	FK-Zinsen aktuelles Jahr	Gesamtkapital
Charlies Jeans	285.700,00 €	270.000,00 €	2.000.000,00 €	53.000,00 €	6.500.000,00 €
Boutique Naomi	390.000,00 €	420.000,00 €	4.000.000,00 €	12.000,00 €	8.000.000,00 €

a) Berechnen Sie die Unternehmerrentabilität für das aktuelle Jahr.

b) Ermitteln Sie die Unternehmensrentabilität für das aktuelle Jahr.

2. Der Jeansproduzent „701" plant, eine exklusive Jeans auf den Markt zu bringen.
Der Verkaufspreis soll bei 29,90 € liegen.
Der Stoff soll mit einer eigenen Webmaschine gefertigt werden. Dem Geschäftsführer liegen zwei Angebote vor.
Anhand der Planzahlen haben Sie die Aufgabe, einen Rentabilitätsvergleich zu erstellen.

Maschine	Anschaffungs-kosten	Maximale Leistung/Jahr	Arbeitsstd./Jahr	Kosten der Arbeitsstunde	Fixkosten
Weber 104 R	696.500,00 €	18.000 St.	1.920 Std./Jahr	28,90 €	212.000,00 €
Toyama 12-3	801.500,00 €	19.500 St.	1.920 Std./Jahr	28,90 €	195.500,00 €

3. Die Boutique Naomi möchte eine grafische Auswertung der Entwicklung ihrer Umsatz-rentabilität für die Jahre 2008 bis 2013.
Erstellen Sie ein Excel-Diagramm.

	Umsatz	Gewinn
2008	5.800.000,00 €	350.000,00 €
2009	7.500.000,00 €	300.000,00 €
2010	5.500.000,00 €	385.000,00 €
2011	4.800.000,00 €	390.000,00 €
2012	4.000.000,00 €	420.000,00 €
2013	4.200.000,00 €	410.000,00 €

4. Der Buchhändler Gustav Schmöker ermittelt für das vergangene Jahr eine Eigenkapitalrentabilität von 2,5 %.
Ermitteln Sie, ob diese Rentabilität zufriedenstellend ist.
Recherchieren Sie dazu den Zinssatz für die Geldanlage auf einem Sparbuch.

■ 3.2 Return on Investment

Der Return on Investment entspricht der Gesamtkapitalrentabilität.
Er drückt das Verhältnis zwischen dem Gewinn und dem eingesetzten Kapital aus.

$$ROI = \text{Umsatzrendite} \cdot \text{Kapitalumschlag} = \frac{\text{Gewinn}}{\text{Umsatz}} \cdot \frac{\text{Umsatz}}{\text{Gesamtkapital}}$$

Die etwas aufwendigere Form der Berechnung über den ROI ermöglicht, dass die Gesamtkapitalrentabilität in die jeweiligen Einflussfaktoren aufgeschlüsselt wird.

Der Return on Investment ist damit das Produkt aus Umsatzrentabilität und Kapitalumschlag. Die Umsatzrentabilität bildet die Maßgröße, wie sich die Kostenstruktur im Unternehmen gestaltet. Der Kapitalumschlag beziffert die Wirtschaftlichkeit des Kapitaleinsatzes. Anschaulicher visualisiert dies die Du-Pont-Kennzahlen-Pyramide.

Die Gesamtrentabilität wird stufenweise in ihre jeweiligen Einflussfaktoren aufgespalten. Somit lassen sich die einzelnen Einflussfaktoren identifizieren und ihre Gewichtung ermitteln.

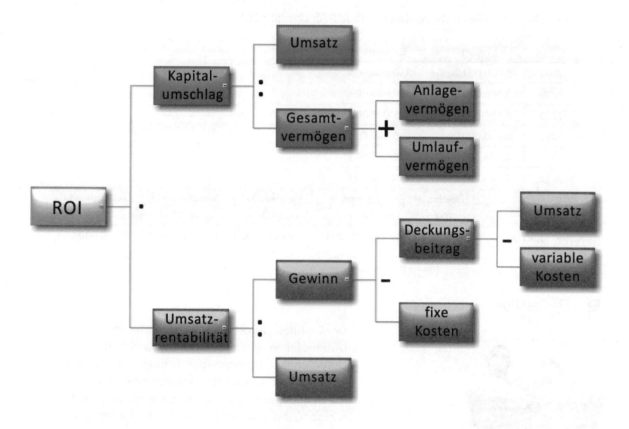

Anhand dieses Schemas ist relativ schnell zu erkennen, welche Veränderung sich für die Entwicklung des ROI verantwortlich zeichnet.

Beispiel:
Die Handyhersteller Telefonata AG und Tonghua AG warten mit den folgenden Zahlen auf:

Unternehmen	Gesamtvermögen	Umsatz	Gewinn
Telefonata AG	12.505.600,00 €	12.800.000,00 €	1.950.600,00 €
Tonghua AG	22.900.000,00 €	14.650.000,00 €	1.820.000,00 €

Um den ROI zu ermitteln, werden nun die entsprechenden Zahlen in die Formel eingesetzt.

Telefonata AG:

$$ROI = \frac{Gewinn}{Umsatz} \cdot \frac{Umsatz}{Gesamtkapital} = \frac{1.950.600,00 \text{ €}}{12.800.000,00 \text{ €}} \cdot \frac{12.800.000,00 \text{ €}}{12.505.600,00 \text{ €}} = 15,60 \text{ %}$$

Tonghua AG:

$$ROI = \frac{Gewinn}{Umsatz} \cdot \frac{Umsatz}{Gesamtkapital} = \frac{1.820.000,00\ €}{14.650.000,00\ €} \cdot \frac{14.650.000,00\ €}{22.900.000,00\ €} = 7,95\ \%$$

Aufgabe

Ermitteln Sie für die Boutique Naomi den ROI für das Jahr 2012.

	Umsatz	Gewinn
2008	5.800.000,00 €	350.000,00 €
2009	7.500.000,00 €	300.000,00 €
2010	5.500.000,00 €	385.000,00 €
2011	4.800.000,00 €	390.000,00 €
2012	4.000.000,00 €	420.000,00 €
2013	4.200.000,00 €	410.000,00 €

Unternehmen	Gewinn 2011	Gewinn 2012	Eigenkapital 2012	Gesamtkapital 2011	Gesamtkapital 2012
Boutique Naomi	390.000,00 €	420.000,00 €	4.000.000,00 €	7.850.000,00 €	8.000.000,00 €

▋ 3.3 Cashflow

Der Cashflow drückt die Selbstfinanzierungskraft des Unternehmens aus. Sie zeigt, inwieweit sich ein Unternehmen aus eigener Kraft finanzieren kann. Zum Jahresgewinn werden die gewinnmindernden Aufwendungen hinzugerechnet, die nicht liquiditätswirksam sind, also nicht zu Zahlungen führen, wie beispielsweise die Abschreibungen.

Diese Kennzahl ist weit realistischer, da sie tatsächlicher Ausdruck dessen ist, wie erfolgreich ein Unternehmen wirtschaftet. Um die Kreditwürdigkeit zu prüfen, ziehen Banken vermehrt diese Kennzahl heran.

Der Cashflow errechnet sich folgendermaßen:

Jahresüberschuss/-fehlbetrag
+ Abschreibungen auf Anlagen (AfA)
+ Zuführung in langfristige Rückstellungen (Pensionsrückstellungen usw.)
= Cashflow

Die Goggi Kartfun GmbH hatte im vergangenen Jahr einen Jahresüberschuss von 340.000,00 €. Die Abschreibungen beliefen sich auf 39.000,00 € und in Pensionsrückstellungen wurden nochmals 14.000,00 € eingestellt.

	340.000,00 €
+	39.000,00 €
+	14.000,00 €
=	393.000,00 €

Die Goggi Kartfun GmbH erwirtschaftete somit aus eigener Kraft 393.000,00 €, auch wenn der bilanzielle Jahresüberschuss nur 340.000,00 € ist.
Für Investitionen, Schuldentilgung oder auch Gewinnausschüttung stehen 393.000,00 € zur Verfügung.

Hat ein Unternehmen über mehrere Jahre hinweg einen negativen Cashflow, führt dies meist zur Insolvenz.

Aufgabe

Ermitteln Sie anhand der nachfolgenden GuV und Bilanz den dazugehörigen Cashflow.

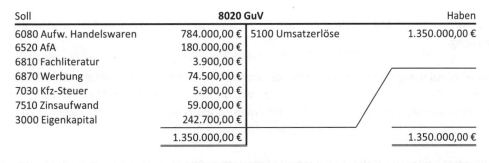

Soll	8020 GuV		Haben
6080 Aufw. Handelswaren	784.000,00 €	5100 Umsatzerlöse	1.350.000,00 €
6520 AfA	180.000,00 €		
6810 Fachliteratur	3.900,00 €		
6870 Werbung	74.500,00 €		
7030 Kfz-Steuer	5.900,00 €		
7510 Zinsaufwand	59.000,00 €		
3000 Eigenkapital	242.700,00 €		
	1.350.000,00 €		1.350.000,00 €

A	Schlussbilanz zum 31.12...		P
0510 Bebaute Grundstücke	212.000,00 €	3000 EK	442.700,00 €
0530 Betriebsgebäude	420.000,00 €	3700 Pensionsrückstellungen	150.000,00 €
0840 Fuhrpark	176.300,00 €	4250 Darlehen	380.000,00 €
0850 BGA	223.950,00 €	4400 Verbindlichkeiten aus L. u. L.	289.805,00 €
2280 HW	165.000,00 €	4800 USt	22.710,00 €
2400 Forderungen aus L. u. L.	42.263,00 €		
2800 Bank	39.000,00 €		
2880 Kasse	6.702,00 €		
	1.285.215,00 €		1.285.215,00 €

4 Finanzierungsarten

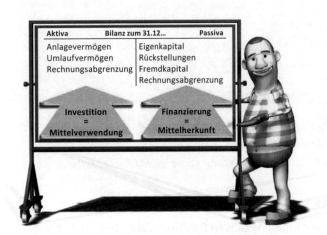

Die Finanzen sind das Steckenpferd von Herrn Vitus. Wie bereits erwähnt, erstellt er Finanzpläne, um sich frühzeitig ein Bild über die Situation des Unternehmens machen zu können. Nachdem er die Investitionsentscheidungen mit seinen Mitarbeitern durchgesprochen hat und nun klar ist, wann welche Investitionen zu tätigen sind, macht sich Herr Vitus daran, die Machbarkeit bzw. die Möglichkeiten zu überprüfen, wie die Vorhaben nun finanziert werden können.

Die Investition stellt die Mittelverwendung dar und ist auf der Aktivseite der Bilanz abzulesen. Wo diese Mittel herkommen, ist auf der Passivseite ersichtlich. Diese ist die Finanzierungsseite und weist die Mittelherkunft aus.

Finanziert werden jedoch nicht nur die Investitionen, sondern die Zahlungsströme müssen so gesteuert werden, dass die Liquidität stets aufrechterhalten bleibt.

Unter Finanzierung versteht man demnach alle Maßnahmen, die ein Unternehmen trifft, um finanzielle Mittel bereitzustellen sowie diese auch wieder zurückführen zu können.

Je nachdem, woher die Mittel kommen, unterscheidet man zwischen der **Außen- und Innenfinanzierung**.

Die **Innenfinanzierung** kommt aus Mitteln, die im Unternehmen erwirtschaftet und nicht ausbezahlt werden. Dazu zählen Finanzierungsformen wie die offene und versteckte Selbstfinanzierung bzw. die Finanzierung aus Abschreibungen, Desinvestitionen oder auch aus Rückstellungen (siehe Finanzierungsformen innerhalb des Gebäudes, Abbildung unten).

Die **Außenfinanzierung** erfolgt im Gegensatz dazu von externer Seite, wie durch eine Kredit- oder Beteiligungsfinanzierung (durch Pfeile in der Abbildung unten dargestellt).

Eine andere Unterscheidungsmöglichkeit besteht in der Stellung der Kapitalgeber. Demzufolge differenziert man zwischen **Eigen- und Fremdfinanzierung**.

Erfolgt die Finanzierung aus eigenen Mitteln wie bei der Beteiligungs- oder Selbstfinanzierung bzw. aus der Bereitstellung finanzieller Mittel über Abschreibungen und Desinvestitionen, so spricht man von **Eigenfinanzierung** (blaue Schrift in der Abbildung unten).

Versorgt sich das Unternehmen mit finanziellen Ressourcen am Kapitalmarkt oder greift es auf die Rückstellungen im Unternehmen zurück, stellt dies eine **Fremdfinanzierung** dar (rote Schrift in der Abbildung unten).

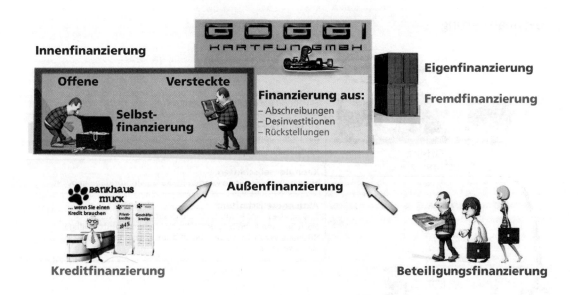

4.1 Eigenfinanzierung

Die Eigenfinanzierung wird nach der Herkunft des Kapitals in Beteiligungsfinanzierung (Kapital fließt von außen zu) und Selbstfinanzierung (Kapital fließt von innen zu) unterschieden.

Beteiligungsfinanzierung (außenfinanzierte Eigenfinanzierung)

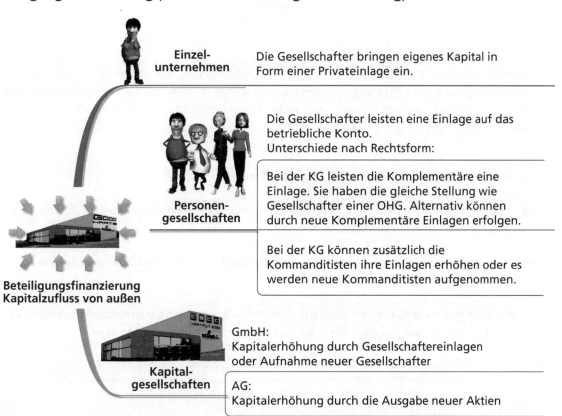

Selbstfinanzierung

Offene Selbstfinanzierung

> Der Gewinn bleibt im Unternehmen.

Ein Teil des Gewinns wird nicht ausgeschüttet, sondern eine Rücklage gebildet und verbucht.

Einzelunternehmen und **Personengesellschaften** erhöhen das Eigenkapital durch Einlage des nicht ausgeschütteten Gewinns auf das Eigenkapitalkonto.

Kapitalgesellschaften:
Einbehaltene Gewinne werden in die Gewinnrücklage gebucht.

Aktiengesellschaften:
5 % des Gewinns kommen in die gesetzliche Rücklage.
Nach Satzung kann bis zur Hälfte des Gewinns als freiwillige Rücklage verbucht werden (auch ohne Zustimmung der Hauptversammlung).

Selbstfinanzierung Kapitalzufluss von innen

Verdeckte bzw. stille Selbstfinanzierung

Die stille Selbstfinanzierung wird in der Bilanz nicht ausgewiesen.

Unterbewertung der Aktiva (Niederstwertprinzip)
Überbewertung der Passiva (Höchstwertprinzip)
Erst mit der Auflösung dieser Posten wird die stille Reserve frei.

Ein zusätzlicher Effekt:
Erst mit Auflösung der stillen Reserve muss das Kapital versteuert werden.

Herr Vitus führt in seinem Anlagevermögen eine CNC-Maschine, die mittlerweile bis auf den Erinnerungswert von 1,00 € abgeschrieben wurde. Sie wird im Moment als Gebrauchtmaschine für ca. 10.000,00 € gehandelt. Wenn er die CNC-Maschine verkauft, muss er den Erlös versteuern.

Die verdeckte Selbstfinanzierung hat folgende Effekte:

→ Erst nach Auflösung der stillen Rücklagen werden die stillen Reserven gewinnerhöhend ausgewiesen und sind zu versteuern.

→ Im Gegensatz zur offenen Selbstfinanzierung bewirkt die stille Selbstfinanzierung eine Stundung der Gewinnsteuern.

In der Praxis geschieht es oftmals, dass auf diese Art und Weise ein Gewinneinbruch verschleiert wird und so eine annähernd gleichbleibende Gewinnausschüttung erfolgen kann.

■ 4.2 Außenfinanzierte Fremdfinanzierung (Kreditfinanzierung)

Herr Vitus vereinbart einen Termin mit dem Firmenkundenbetreuer seiner Hausbank. Er möchte einen neuen Lkw anschaffen. Da er im Moment die Summe nicht aus eigenen Mitteln leisten kann, beabsichtigt er, das Fahrzeug über seine Hausbank zu finanzieren. Nach einigen Verhandlungen und nachdem Herr Vitus genauestens erläutert hat, wofür er den Kredit benötigt und die Kreditwürdigkeitsüberprüfung erfolgreich abgeschlossen wurde, stimmt das Bankhaus Muck der Finanzierung zu.

Der Begriff „Kredit" stammt aus dem Lateinischen und bedeutet so viel wie „in Treu und Glauben anvertraut". Einfach gesagt bezeichnet dies die zeitlich befristete Überlassung von finanziellen Mitteln, die zusammen mit einem Zinsaufschlag vertragsgemäß zurückgezahlt werden müssen.

Die Verhandlungen mit den Banken gehören mit zu den wichtigsten Aufgaben, die ein Unternehmer hat. Dementsprechend vorbereitet muss er in solche Verhandlungen gehen.

1. Der Kreditnehmer stellt einen Kreditantrag.

2. Es kommt zu Kreditverhandlungen.

3. Der Kreditgeber überprüft die Kreditwürdigkeit.

4. Die positive Kreditprüfung führt zur Kreditbewilligung.

5. Der Kreditvertrag wird unterzeichnet und der Kreditbetrag ausbezahlt.

+ Vorteile der Kreditfinanzierung

→ Durchführung größerer Investitionen möglich

→ Die Liquidität (Zahlungsbereitschaft) bleibt erhalten.

→ Die Zinsen werden gewinnmindernd als Aufwand verbucht.

→ Leverage-Effekt (Ist die Gesamtkapitalrendite höher als die Belastung durch die Aufnahme des Fremdkapitals, erhöht sich die Eigenkapitalrendite.)

— Nachteile der Kreditfinanzierung

→ Rückzahlung und Zinsbelastung verringern die Liquidität.

→ Je höher der Verschuldungsgrad, umso schwieriger gestaltet sich die Aufnahme neuer Kredite.

→ Abhängigkeit und der Einfluss von außen durch Fremdkapitalgeber steigen.

Inhalte eines Kreditvertrages
sind u. a.:

→ Art des Kredits

→ Sicherheiten

→ Kredithöhe

→ Rückzahlung

→ Laufzeit

→ Kündigungsvoraussetzungen

→ Kreditkosten

Kreditvertrag

zwischen   Bankhaus muck   (Kreditgeber)

und   der Goggi Kartfun GmbH   (Kreditnehmer)
vertreten durch Herrn Constantin Vitus

§ 1

Der Kreditgeber gewährt dem Kreditnehmer einen Kredit in Höhe
von

Euro ....

i. W. ....

§ 2
Kreditverwendung

Der Kredit ist gemäß dem in Anlage I zusammenfassend dargelegten
Bedarfs- und Finanzierungsplan des Kreditnehmers zu verwenden.
Von dem Kredit in Höhe von Euro .... ist ein Teilbetrag von
Euro .... zur Betriebsmittelfinanzierung bestimmt. In Höhe dieses
Teilbetrages ist der Kredit im Rahmen der Laufzeitbestimmungen
gemäß § 4 revolvierend ausnutzbar.

§ 3
Verzinsung

Der Kredit ist vom Tage der Auszahlung an wie folgt zu verzinsen:
a) Teilbetrag von Euro .... (Investitionsfinanzierung)
b) Teilbetrag von Euro .... (Betriebsmittelfinanzierung)

§ 4
Kreditlaufzeit

Der Kredit hat folgende Laufzeit
Bis zum .... mit (halb-)jährlicher Tilgungsrate von jeweils
Euro ....
Die erste Rate erfolgt am ...., die letze Rate am ....

§ 5
Sicherheiten

Aufgaben

1. Das Modeunternehmen Proda Moda KG hat im vergangenen Jahr nebenstehende Geschäftszahlen vorzuweisen. Nach dem Niederstwertprinzip wurden die Wertpapiere mit 112.000,00 € angesetzt. Der derzeitige Marktwert beläuft sich auf 135.600,00 €. Frau Paula Proda, Komplementärin der KG, möchte die Geschäftsräume neu gestalten. Die Kosten dafür belaufen sich nach ersten Schätzungen auf 160.000,00 €.

	8020 GuV		
Σ Aufwendungen	752.000,00 €	Σ Umsatzerlöse	893.000,00 €
3000 Eigenkapital	141.000,00 €		
	893.000,00 €		893.000,00 €

A	Schlussbilanz zum 31.12...		P
0840 Fuhrpark	96.900,00 €	3000 EK	402.800,00 €
0870 BGA	128.500,00 €	3700 Pensionsrückstellungen	180.000,00 €
1500 Wertpapiere	112.000,00 €	4250 Darlehen	62.700,00 €
2100 Unfertige Erzeugnisse	34.000,00 €	4400 Verbindlichkeiten aus L. u. L.	18.500,00 €
2200 Fertige Erzeugnisse	22.000,00 €		
2280 Handelswaren	101.000,00 €		
2400 Forderungen aus L. u. L.	41.600,00 €		
2800 Bank	110.000,00 €		
2880 Kasse	18.000,00 €		
	664.000,00 €		664.000,00 €

Beschreiben Sie, welche Möglichkeiten Frau Proda ergreifen könnte, um den Umbau zu finanzieren.

2. Die Modedesignerin Fiffi Westwald hört von Frau Prodas Plänen und bietet ihr an, sich am Unternehmen mit 150.000,00 € zu beteiligen.

   a) Erklären Sie, in welcher Form diese Beteiligung geschehen kann.

   b) Beschreiben Sie, welche Finanzierungsform dies darstellt.

3. Frau Proda möchte auf das Angebot von Frau Westwald nicht eingehen und plant, den Betrag von ihrer Hausbank aufzunehmen. Sie möchte im Vorfeld Informationen darüber, welche monatlichen Kosten der Rückzahlung auf sie zukommen. Sie plant, das Darlehen von 130.000,00 € mit einer Laufzeit von vier, fünf oder sechs Jahre abzuschließen. Der Sachbearbeiter ihrer Hausbank erwähnt einen momentanen Zinssatz von 4 % nominal.
   Frau Proda beauftragt Sie, die notwendigen Daten zu ermitteln.
   Unter www.zinsen-berechnen.de können Sie die oben genannten Werte in einen Kreditrechner eingeben.
   Erstellen Sie eine Tabelle und tragen Sie die Ergebnisse (monatliche Rate, Zinsen und Gebühren gesamt, Gesamtaufwand für die Rückzahlung sowie den effektiven Jahreszinssatz) unter Betrachtung der verschiedenen Laufzeiten ein.

4. Formulieren Sie einen Kreditvertrag zwischen dem Bankhaus Muck und der Proda Moda KG. Orientieren Sie sich an Kreditverträgen, die Sie als Vorlage entweder im Internet oder in einer Bank Ihrer Wahl erhalten.

5. Die Fremdfinanzierung muss nicht nur durch einen Bankkredit erfolgen. Es werden öffentliche Finanzierungshilfen, beispielsweise über die KfW-Bank, angeboten.
   Recherchieren Sie auf den Seiten der KfW-Mittelstandsbank, welche Konditionen für einen Unternehmerkredit angeboten werden.

5 Kreditarten

Grundsätzlich lassen sich Kredite nach den folgenden Gesichtspunkten unterscheiden:

→ der Laufzeit

→ der Bereitstellung

→ dem Verwendungszweck

→ der Form der Absicherung

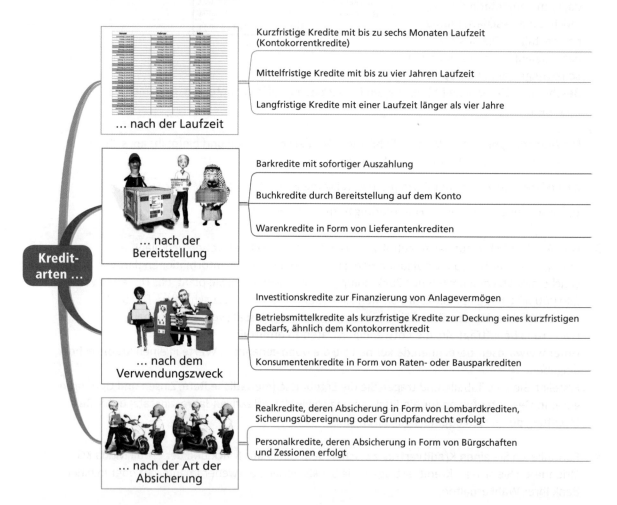

... nach der Laufzeit
- Kurzfristige Kredite mit bis zu sechs Monaten Laufzeit (Kontokorrentkredite)
- Mittelfristige Kredite mit bis zu vier Jahren Laufzeit
- Langfristige Kredite mit einer Laufzeit länger als vier Jahre

... nach der Bereitstellung
- Barkredite mit sofortiger Auszahlung
- Buchkredite durch Bereitstellung auf dem Konto
- Warenkredite in Form von Lieferantenkrediten

... nach dem Verwendungszweck
- Investitionskredite zur Finanzierung von Anlagevermögen
- Betriebsmittelkredite als kurzfristige Kredite zur Deckung eines kurzfristigen Bedarfs, ähnlich dem Kontokorrentkredit
- Konsumentenkredite in Form von Raten- oder Bausparkrediten

... nach der Art der Absicherung
- Realkredite, deren Absicherung in Form von Lombardkrediten, Sicherungsübereignung oder Grundpfandrecht erfolgt
- Personalkredite, deren Absicherung in Form von Bürgschaften und Zessionen erfolgt

Kredit-arten ...

■ 5.1 Kontokorrentkredit

Herr Vitus hat bei seiner Hausbank ein Kontokorrentkonto. Über dieses Konto wickelt er nahezu alle Geschäftsvorgänge ab. Die täglichen Einnahmen und Ausgaben werden aufgezeichnet und auf dem Kontoauszug festgehalten. Für Herrn Vitus ist das Kontokorrentkonto von großem Vorteil, denn trotz der besten Liquiditäts- und Finanzplanung kann er flexibel reagieren, wenn beispielsweise ein Kunde nicht wie vereinbart bezahlt und das Unternehmen kurzfristig mehr Liquidität benötigt. Somit ist seine Zahlungsfähigkeit gewährleistet.

Die Besonderheit dieses Kontos liegt darin, ohne Rücksprache mit der Bank sowohl im Haben als auch im Soll flexibel arbeiten zu können. Grundlage ist ein Kreditvertrag mit der beteiligten Bank. Aus diesem geht hervor, dass das Konto bis zu einer gewissen Höhe (Kreditlinie) jederzeit genutzt werden kann. Beim Kontokorrentkredit handelt es sich um einen kurzfristigen Kredit, der zeitnah kündbar ist. In der Praxis läuft er durch stillschweigende Verlängerung über einen längeren Zeitraum.

Für die tägliche Bereitstellung der vereinbarten Kreditlinie verlangt die Bank eine Bereitstellungsgebühr, da sie die Mittel bis zur Kreditlinie stets bereithalten muss, auch dann, wenn das Unternehmen diese nicht in Anspruch nimmt.

Wird die vereinbarte Kreditlinie genutzt, fallen neben der Bereitstellungsgebühr auch Sollzinsen an. Sollten Zahlungen notwendig werden, die das Limit übersteigen, entstehen zu den normalen Sollzinsen zusätzlich Überziehungszinsen.

Die Sollzinsen des Kontokorrentkredits betragen je nach Bank zwischen 8 % und 12 %. Sie hängen vom Leitzinssatz der Europäischen Zentralbank ab. Der Überziehungszinssatz beträgt zusätzlich zwischen 2 % und 4 %. Die Gewährung über die Kreditlinie hinaus ist eine freiwillige Leistung der Bank, die allerdings jederzeit verweigert werden kann.

Vertraglich kann für das Guthaben auf dem Kontokorrentkonto ein geringer Habenzinssatz vereinbart werden.

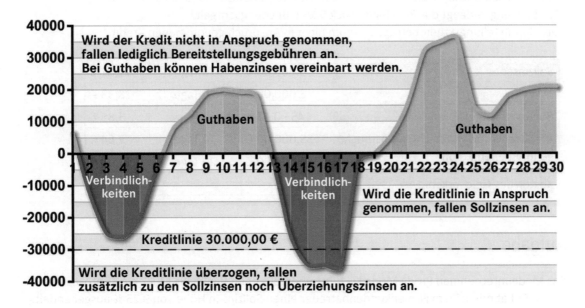

Der Kontokorrentkredit ist eine laufende Rechnung zwischen der Bank und dem Kunden. Vierteljährlich erfolgt eine Abrechnung des Kontos, in der die Sollzinsen, die Bearbeitungsgebühr und die Bereitstellungsgebühr verrechnet und dem Konto belastet werden.

Die Höhe der Kreditlinie hängt von der Kreditwürdigkeit des Kontoinhabers ab.

+ **Vorteile eines Kontokorrentkredits**	− **Nachteile eines Kontokorrentkredits**
→ Kredithöhe richtet sich exakt nach dem Bedarf	→ Hohe Zinsbelastung für in Anspruch genommene Kredite
→ Zinsen werden nur bei Inanspruchnahme fällig	→ Kreditprovision für die Bank, da diese die finanziellen Mittel bis zur Höhe der Kreditlinie ständig bereit hält
→ Kredit steht über viele Jahre zur Verfügung	
→ Vielfältige Verwendungsmöglichkeiten	
→ Einfache Handhabung	

Die Goggi Kartfun GmbH hat im April das Kontokorrentkonto für 10 Tage mit 5.000,00 € in Anspruch genommen und in den letzten 20 Tagen mit 6.000,00 €. Das Kreditlimit liegt bei 60.000,00 €.
In diesem Monat wurden 45 Überweisungen getätigt.
Die Sollzinsen betragen 8,5 %. Habenzinsen wurden in Höhe von 0,5 % vereinbart.
Pro Buchung verlangt das Bankhaus Muck 0,13 € Buchungsentgelt.
Der Bereitstellungskredit beträgt 3 % vom nicht in Anspruch genommenen Kredit.

Sollzinsen	5.000,00 €	10 Tage	11,81 €
	6.000,00 €	20 Tage	28,33 €
Buchungsentgelt	45 · 0,13 €		5,85 €
Kreditprovision vom nicht in Anspruch genommenen Kredit	55.000,00 €	10 Tage	7,64 €
	54.000,00 €	20 Tage	15,00 €
Kosten des Geldverkehrs			68,63 €

Aufgabe

Das Modeunternehmen Proda Moda KG führt ebenfalls beim Bankhaus Muck ein Kontokorrentkonto. Es hat mit seinem Firmenkundenbetreuer einen Sollzins in Höhe von 9,25 % ausgehandelt. Seine Kreditlinie wurde auf 50.000,00 € festgesetzt. Die Überziehungszinsen belaufen sich auf zusätzliche 5,8 %. Das Entgelt pro Buchung beträgt 0,13 €. Der Bereitstellungskredit schlägt mit 3 % vom nicht in Anspruch genommenen Kredit zu Buche.
Folgende Kontobewegungen fanden im Monat August statt:
Es wurden 59 Buchungen abgewickelt und der Kontokorrentkredit wurde 8 Tage mit 30.000,00 €, 9 Tage mit 45.000,00 € und 3 Tage sogar mit 58.000,00 € in Anspruch genommen.
Berechnen Sie die Kosten des Geldverkehrs für die Proda Moda KG im Monat August.

5.2 Darlehen

Herr Vitus hat für die Goggi Kartfun GmbH mit dem Bankhaus Muck einen Kreditvertrag über die Summe von 40.000,00 € für seinen neuen Kleintransporter abgeschlossen.
Aber auch für den Umbau seines Wohnhauses hat er als Privatperson einen Kredit aufgenommen.

Nicht nur Unternehmen, sondern auch Privatpersonen schließen mit Banken langfristige Darlehen ab, wenn sie z. B. ein Haus oder ein Auto kaufen möchten.

Darlehen sind **langfristige Kredite**, die in einer Summe ausbezahlt und am Fälligkeitstag entweder gesamt oder innerhalb der Laufzeit in Raten getilgt werden.

Man unterscheidet die Darlehen je nach Art der Rückzahlung in

→ Fälligkeitsdarlehen,

→ Abzahlungsdarlehen,

→ Annuitätendarlehen.

Am Kreditvertrag von Herrn Vitus sollen diese drei verschiedenen Darlehensarten durchgespielt werden. Die Kredithöhe beträgt 40.000,00 €, mit einer Laufzeit von vier Jahren.
Vereinfacht wird von einem Zinssatz von 10 % ausgegangen.

Fälligkeitsdarlehen

Beim Fälligkeitsdarlehen erfolgt die Rückzahlung des Kredits in einer Summe zum Ende der Kreditlaufzeit. Der Schuldner zahlt während der Laufzeit lediglich die Zinsen.

Jahr	Darlehenssumme	Zinsbelastung	Tilgungsleistung	Rückzahlung gesamt
01	40.000,00 €	4.000,00 €		4.000,00 €
02		4.000,00 €		4.000,00 €
03		4.000,00 €		4.000,00 €
04		4.000,00 €	40.000,00 €	44.000,00 €

Die Rückzahlung im obigen Beispiel beläuft sich auf 56.000,00 €.

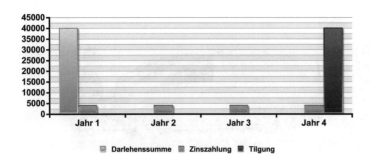

In vielen Fällen werden diese Darlehen abgeschlossen, wenn bei Laufzeitende ein größerer Geldbetrag, wie beispielsweise ein Sparvertrag, zu erwarten ist.

Abzahlungsdarlehen

Kennzeichen des Abzahlungsdarlehens sind die stets gleichbleibenden Tilgungsraten.

Jahr	Darlehenssumme	Zinsbelastung	Tilgungsleistung	Rückzahlung gesamt
01	40.000,00 €	4.000,00 €	10.000,00 €	14.000,00 €
02	30.000,00 €	3.000,00 €	10.000,00 €	13.000,00 €
03	20.000,00 €	2.000,00 €	10.000,00 €	12.000,00 €
04	10.000,00 €	1.000,00 €	10.000,00 €	11.000,00 €

Die Rückzahlung im obigen Beispiel beläuft sich demnach auf insgesamt 50.000,00 €.

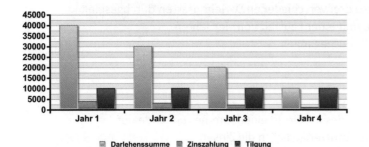

Die Zinsbelastung wird jeweils von der Restschuld neu berechnet und verringert sich so mit jeder Tilgung.

Annuitätendarlehen

Beim Annuitätendarlehen wird eine feste Summe aus Zins und Tilgung ermittelt. Diese bleibt die gesamte Laufzeit über gleich.
Während der Rückzahlung sinkt die Zinsbelastung und steigt die Tilgungsleistung.

Jahr	Stand Jahresbeginn	Annuität	Zinsbelastung	Tilgungsleistung	Rückzahlung gesamt
01	40.000,00 €	12.618,83 €	4.000,00 €	8.618,83 €	31.381,17 €
02	31.381,17 €	12.618,83 €	3.138,12 €	9.480,72 €	21.900,45 €
03	21.900,45 €	12.618,83 €	2.190,05 €	10.428,79 €	11.471,67 €
04	11.471,87 €	12.618,83 €	1.147,17 €	11.471,67 €	0,00 €

Die Rückzahlung im obigen Beispiel beläuft sich demnach auf insgesamt 50.000,00 €.

Die Annuität wird mit dem Kapitalwieder-
gewinnungsfaktor (KWGF) errechnet.

Die Formel lautet

$$KWGF = \frac{i(1+i)^5}{(1+i)^5 - 1}$$

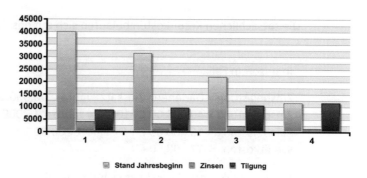

Das Annuitätendarlehen wird größtenteils in
der Baufinanzierung eingesetzt.

Berechnung des effektiven Zinssatzes

Herr Vitus ist sehr verwundert. Eigentlich
wollte er den Kleintransporter bar bezahlen
und dafür das Darlehen, laut Kreditvertrag
40.000,00 €, in bar ausbezahlt bekommen.
Im Bankhaus Muck wird er darauf hingewiesen, dass er nicht über die volle Kreditsumme verfügen kann, da sich die Bank
bereits ihr Disagio abgezogen habe.
Herr Vitus: „Ich schließe also einen Kredit-

vertrag über 40.000,00 € mit 10 % Verzinsung ab, bekomme dann aber die Kreditsumme nicht
vollständig ausbezahlt. Dann ist ja effektiv der Kredit noch teurer für mich!"
Herr Pfennig vom Bankhaus Muck: „Man muss hier klar trennen zwischen Nominal- und Effektivverzinsung. Das sollten sie als Unternehmer aber wissen."

Im Kreditvertrag wird von Nominalverzinsung gesprochen. Dieser Zinssatz ist allerdings nicht der
tatsächlich effektive Zinssatz, der dem Kreditnehmer berechnet wird.

Laut Kreditvertrag erhält Herr Vitus vom Bankhaus Muck den Betrag von 40.000,00 € zur
Verfügung gestellt.
Nur kommt dieser Betrag nicht zur Auszahlung, da sich die Bank Bearbeitungsgebühren und die
ersten Zinszahlungen einbehält.

Den Differenzbetrag zwischen Darlehenssumme und Auszahlungssumme nennt man **Disagio**.

Die Bank behält in unserem Fall ein Disagio von 3 % ein.
Herr Vitus bekommt somit keine 40.000,00 € bzw. 100 % ausbezahlt, sondern nur 97 %.

Kreditsumme	Disagio	Auszahlungsbetrag
40.000,00 €	1.200,00 €	38.800,00 €

Zur Erinnerung: Der Zinssatz beträgt 10 %, die Laufzeit 4 Jahre.
Der effektive Zinssatz wird folgendermaßen ermittelt:

$$\text{Effektiver Zinssatz} = \frac{\text{tatsächliche Kreditkosten} \cdot 100 \cdot 360 \text{ Tage}}{\text{Auszahlungsbetrag} \cdot \text{Kreditdauer in Tagen}}$$

Die tatsächlichen Kreditkosten belaufen sich auf das Disagio sowie die Zinsbelastung.

In unserem Fall:

Zinsbelastung = Darlehen · Zinssatz · Jahre = 40.000,00 € · 10 % · 4 Jahre
Zinsbelastung = 40.000,00 € · 10 % · 4 Jahre = 16.000,00 €
Zinsbelastung = 16.000,00 € + Disagio 1.200,00 € =
Kreditkosten   = 17.200,00 €

Der Effektivzinssatz berechnet sich demzufolge:

$$\text{Effektiver Zinssatz} = \frac{17.200,00\ € · 100 · 360\ \text{Tage}}{38.800,00\ € · (4 · 360)\ \text{Tage}} = 11,08\ \%$$

Der effektive Zinssatz beträgt 11,08 %.
Zur Erinnerung: Der Nominalzinssatz lag bei 10 %.

Aufgabe

Die Firma Proda Moda KG möchte ein Darlehen in Höhe von 160.000,00 € aufnehmen. Frau Proda erhält von zwei Banken folgende Angebote.

Bankhaus Muck: Zinssatz nominal 6 % bei einer Laufzeit von fünf Jahren. Die Bearbeitungsgebühr beträgt 1,1 %, die sofort bei Kreditaufnahme fällig wird.

Dirba Bank: Die Dirba Bank gewährt einen effektiven Zinssatz von 6,15 % bei gleicher Laufzeit.

Frau Proda erteilt Ihnen den Auftrag, das lukrativere Angebot zu ermitteln.

■ 5.3 Lieferantenkredit

Die Goggi Kartfun GmbH hat des Öfteren kurzfristige Liquiditätsprobleme. Da bleibt Herrn Vitus oft nichts anderes übrig, als auf Lieferantenkredite zurückzugreifen. Er ist sich zwar bewusst, dass diese sehr teuer sind, aber bequem in der Handhabung sind sie allemal. Er nutzt unkompliziert das Zahlungsziel bis zum Ende aus. Gerade zu Zeiten, zu denen das Lager gefüllt werden muss, ist dies für ihn oft die einzige Möglichkeit, den Kunden ein umfangreiches Sortiment anzubieten.

Beim Lieferantenkredit räumt der Gläubiger dem Schuldner eine Zahlungsfrist ein. Zahlt der Schuldner innerhalb einer festgelegten Frist, erhält er einen Preisnachlass (Skonto). Wenn er diese Frist verstreichen lässt, ist natürlich die volle Kaufsumme zu bezahlen. Die Kosten des Lieferantenkredits entstehen also durch den Verzicht auf die Inanspruchnahme des Skontos.

Bewertung aus Kundensicht:

Für den Kunden ist diese Form des Lieferantenkredits äußerst komfortabel, da **keinerlei Sicherheiten** erforderlich sind. Dies kann gerade in Krisenzeiten eine der wenigen Möglichkeiten sein, den Geschäftsbetrieb aufrechtzuerhalten.

Nachteilig wirkt sich die sehr hohe Effektivverzinsung aus.

Bewertung aus Lieferantensicht:

Der Lieferant hat diese Zahlungsbedingung in aller Regel bereits in den Preis miteinkalkuliert. Der Hintergrund, attraktive Zahlungsbedingungen anzubieten, dürfte gleichwohl darin bestehen, Forderungen frühzeitig einholen und damit die eigene Liquidität sichern zu können.

Nutzt ein Kunde das Skonto nicht aus, lässt sich der Lieferant dieses teuer bezahlen.

Am Beispiel der Goggi Karfun GmbH soll die Effektivverzinsung exemplarisch gezeigt werden.

Die Zahlungsbedingungen lauten: 10 Tage 3 % Skonto, 30 Tage rein netto.

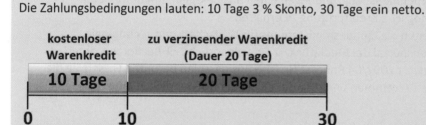

20 Tage ⇨ Skontosatz 3 %

360 Tage ⇨ x

$$x = \frac{\text{Skontosatz} \cdot 360 \text{ Tage}}{20 \text{ Tage}} = \frac{3\% \cdot 360 \text{ Tage}}{20 \text{ Tage}} = 54\%$$

Die Goggi Kartfun GmbH erhält bei ihren Lieferanten folgende Zahlungskonditionen:

Lieferant	Zahlungsbedingungen	Zinssatz
Pear Computers Ltd.	10 Tage 3 % Skonto, 30 Tage netto	54 % p. a.
Meier Office OHG	10 Tage 2,5 % Skonto, 30 Tage netto	45 % p. a.
Print Brill AG	10 Tage 2 % Skonto, 30 Tage netto	36 % p. a.

Aufgabe

Herr Vitus kauft bei Reifen Günter Gummi 200 Reifensätze zu einem Preis von 240,00 € brutto pro Reifensatz.

Die Zahlungskonditionen lauten: 14 Tage 3 % Skonto bzw. 30 Tage rein netto.

Er ist noch unentschlossen, ob er den Zahlungsausgleich mit Nutzung des Skontos bzw. das komplette Zahlungsziel ausnutzen soll, denn in seine Überlegungen fließt sein Kontokorrentkredit mit einem Zinssatz von 9,2 % mit ein.

a) Unterstützen Sie Herrn Vitus bei seiner Entscheidung und ermitteln Sie die günstigere Variante.

b) Stellen Sie dar, welche Gründe vorliegen können, wenn Unternehmen die Zahlungsziele vielfach bis zum letzten Tag ausschöpfen.

6 Kreditvoraussetzungen

Sie möchten also einen Kredit?

Fridolin ist ganz schön aufgeregt. Er hat den Schritt in die Selbstständigkeit nicht bereut. Im Gegenteil, die ersten Etappen, die er bisher durchlaufen hat, waren wirklich sehr erfolgreich. Auch die neue Homepage, die er für die Goggi Kartfun GmbH programmierte, wurde positiv angenommen und er darf diese auch weiter betreuen.

Jetzt will Fridolin den nächsten Schritt machen und in die Geschäftsausstattung sowie in einen neuen, leistungsstärkeren PC investieren. Dafür plant er, beim Bankhaus Muck einen Kredit aufzunehmen.

Arbeitsauftrag:

Banken fordern für Unternehmensneugründungen einen Businessplan, um umfassende Informationen für eine mögliche Kreditprüfung zu erhalten.

Laden Sie sich auf den Seiten des Bundesministeriums für Wirtschaft und Technologie (www.bmwi-unternehmensportal.de, Mediathek → Downloadsuche → Recherchecenter Downloadsuche) den Podcast 2007/04 Podcast Nr. 01 – Businessplan herunter. Fassen Sie die wichtigsten Informationen zusammen und diskutieren Sie die Notwendigkeit eines solchen Plans.

■ 6.1 Überprüfung der Kreditwürdigkeit

Grundsätzlich wird jede Bank vor einer Kreditbewilligung die Kreditwürdigkeit untersuchen.

Kreditfähigkeit

Die erste grundsätzliche Voraussetzung, die von Banken geprüft wird, ist die **Kreditfähigkeit** bzw. die **Geschäftsfähigkeit**. Meist erfolgt dies durch die Vorlage des Personalausweises. Eine weitere Legitimation kann die Vertretungsbefugnis bzw. eine Vollmacht sein.

Fridolin ist 18 Jahre alt und daher voll geschäftsfähig. Er weist sich mit seinem Personalausweis aus.

Persönliche Kreditfähigkeit

Die Bank überprüft im nächsten Schritt die persönliche Kreditfähigkeit. Dabei will sie mehr über die fachlichen Fähigkeiten und Erfahrungen des Kreditnehmers sowie über seine beruflichen Perspektiven erfahren.

Dazu zählt auch, wie sich die bisherige Zusammenarbeit gestaltet hat.

Neben der persönlichen Auskunft holt sich die Bank eine **Schufa-Auskunft** ein.

Fridolin hat bis auf seinen Handyvertrag keinen negativen Schufa-Eintrag. Seinen Businessplan gab er vor zwei Tagen ab, und dem ersten Anschein nach ist die Bank zu einer positiven Bewertung gekommen.

Wirtschaftliche Kreditwürdigkeit

Anschließend erfolgt die Überprüfung der wirtschaftlichen Kreditwürdigkeit.

Ist der Kreditnehmer eine **Privatperson**, werden das gegenwärtige und zukünftige Einkommen, das Vermögen und die Lebenshaltungskosten durchleuchtet. Die Bank möchte herausfinden, ob es dem Kreditnehmer bei normalen Lebensverhältnissen überhaupt möglich ist, den Kredit zurückzuzahlen.

Zusätzlich wird das familiäre Verhältnis aufgenommen, wie beispielsweise die Haftungsverhältnisse der Ehepartner geregelt sind oder ob eine Zugewinngemeinschaft oder Gütertrennung besteht.
Die Bank verwendet häufig Informationsgrundlagen wie z. B. eine Selbstauskunft mit Lohn- bzw. Gehaltsabrechnung, Sparbuch und Grundbuchauszug.

Ist der Kreditnehmer ein Unternehmen, werden von der Bank die **Hard Facts** überprüft:

→ Ertragslage des Unternehmens

→ Kapitalstruktur

→ Unternehmensziele

→ Businessplan

→ usw.

Aktiva	Schlussbilanz zum 31.12...		Passiva
Fuhrpark	227.605,00 €	EK	290.330,00 €
BGA	30.550,00 €	Darlehen	40.000,00 €
Waren	58.000,00 €	Bank	3.829,70 €
FLL	65.021,10 €	VLL	62.715,00 €
Kasse	16.500,00 €	USt	801,40 €
	397.676,10 €		397.676,10 €

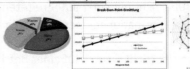

Zusätzlich erfolgt die Einstufung nach den sogenannten **Soft Facts**:

→ Kontroll- und Führungsinstrumente

→ Management

→ Berichtswesen

→ Wirtschaftliche Risiken

→ Konjunkturelle Risiken

→ Haftungsverhältnisse (z. B. Rechtsform, Gesellschaftsvertrag)

Die Banken führen diese Überprüfungen allerdings nicht willkürlich durch. Im Basler Ausschuss für Bankenaufsicht verständigten sie sich auf gemeinsame Richtlinien bei der Vergabe von Krediten. Diese Richtlinien nennt man **Basel-II-Kriterien**.

Basel II wurde sowohl zum Schutz der Banken vor „faulen Krediten" als auch zum Schutz der Kreditnehmer getroffen. Diese Standardisierung führt zu einer besseren Vergleichbarkeit.

+ **Vorteile des Ratings**	— **Nachteile des Ratings**
→ Verbessertes Image	→ Ein Rating setzt hohe Anforderungen an das Berichtswesen eines Unternehmens.
→ Bessere Verhandlungsposition	
→ Transparente, unabhängige und vergleichbare Beurteilung	→ Durch ein schlechtes Rating wird ein Kredit oftmals teuer oder gar nicht gewährt.

Seit 2007 durchlaufen alle Unternehmen dieses Ratingverfahren und werden in Risikoklassen eingeteilt. Sie stehen für die Einschätzung, mit welcher Ausfallwahrscheinlichkeit zu rechnen ist. In der besten Risikoklasse geht man von einem Kreditausfall von unter einem Prozent aus.

Arbeitsauftrag:

Recherchieren Sie unter Zuhilfenahme des Internets oder eines Kreditinstituts, wie sich diese Risikoklassen genau zusammensetzen.
Erstellen Sie dann ein Plakat und fassen Sie die Ergebnisse zusammen.

6.2 Kennzahlenanalyse des Unternehmens

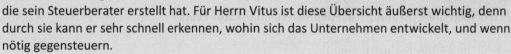

Herr Vitus erhält spätestens am 5. des Folgemonats von der kaufmännischen Leiterin Frau Boden eine Chefübersicht mit einer aufbereiteten Auswertung, die die Informationen über den vergangenen Monat enthält.
Diese Übersicht basiert auf einer betriebswirtschaftlichen Auswertung (kurz BWA) des Unternehmens, die sein Steuerberater erstellt hat. Für Herrn Vitus ist diese Übersicht äußerst wichtig, denn durch sie kann er sehr schnell erkennen, wohin sich das Unternehmen entwickelt, und wenn nötig gegensteuern.

Wie bereits erwähnt, überprüfen die Banken im Rahmen der wirtschaftlichen Kreditfähigkeit die „hard facts". Dies findet durch eine umfassende **Bilanzanalyse** statt.

Unternehmenskennzahlen stellen die Zahlen aus der Bilanz nicht als absolute Größe dar, sondern stellen diese zueinander ins Verhältnis, um so eine größere Aussagekraft zu erhalten. Die Kennzahl Umsatzrentabilität setzt den Gewinn ins Verhältnis zum Umsatz und erlaubt so auch einen Vergleich mit anderen Unternehmen.
Der Umsatz als absolute Zahl ist in diesen Fällen nicht aussagekräftig.

Diese Kennzahlenanalyse ist allerdings nicht nur zur Überprüfung der Kreditwürdigkeit durchzuführen, sondern dient als **Kontroll- und Führungsinstrument** für die Unternehmensleitung.

6.2.1 Allgemeine Finanzierungsgrundsätze

Im Laufe der Jahre haben sich Finanzierungsgrundsätze entwickelt, deren Einhaltung dazu führen soll, dass Unternehmen nicht in Schieflagen kommen.

Sie legen den Fokus auf die Struktur und auf das Verhältnis von Aktiva und Passiva in der Bilanz.

Man unterscheidet zwischen **vertikalen** und **horizontalen Finanzierungsgrundsätzen**.

Horizontaler Finanzierungsgrundsatz

Als horizontaler Finanzierungsgrundsatz gilt, dass das Anlagevermögen möglichst durch das Eigenkapital und/oder langfristiges Fremdkapital finanziert werden soll. Damit ist gewährleistet, dass die existenziellen betrieblichen Anlagen (z. B. Gebäude, Maschinen) dem Unternehmen auch langfristig zur Verfügung stehen.

In der Praxis spricht man von der „**goldenen Bilanzregel**".

Als Formel ausgedrückt bedeutet dies:

$$\text{Goldene Bilanzregel} = \frac{\text{Eigenkapital} + \text{langfristiges Kapital}}{\text{Anlagevermögen}} \geq 1$$

Kurzfristiges Umlaufvermögen kann durch kurzfristiges Fremdkapital finanziert werden und wird aufgrund dessen in der goldenen Bilanzregel nicht berücksichtigt.

Vertikaler Finanzierungsgrundsatz

Der vertikale Finanzierungsgrundsatz besagt, dass das Eigenkapital und das Fremdkapital im Verhältnis 1:1 stehen sollen. Die „Bankers Rule" (Auffassung der Banken) geht jedoch von einem Verhältnis von 1:2 aus.

$$\text{Vertikaler Finanzierungsgrundsatz} = \frac{\text{Eigenkapital}}{\text{Fremdkapital}} = 1 : 2$$

■ 6.2.2 Bilanzanalyse

Fridolin nahm zu seinem Kreditgespräch seinen ersten Jahresabschluss mit. Wie er hörte, ist dieser wichtig, um die notwendige Bilanzanalyse durchführen zu können.
Und jetzt genügt dieser nicht? Etwas skeptisch betrachtet ihn sein Kundenbetreuer. Aber, na gut, da Fridolin erst seit einem Jahr selbstständig ist, muss das Zahlenmaterial ausreichen.
In der Regel benötigt die Bank mehrere Jahresabschlüsse, um die Entwicklung eines Unternehmens richtig einschätzen zu können.

Soll		GuV	Haben
Summe Aufwendungen	214.000,00 €	Summe Umsatzerlöse	230.000,00 €
Eigenkapital	16.000,00 €		
	230.000,00 €		230.000,00 €

Aktiva		Schlussbilanz zum 31.12...	Passiva
BGA	42.000,00 €	Eigenkapital	20.000,00 €
Handelswaren	11.500,00 €	Darlehen	24.000,00 €
Forderungen aus L. u. L.	500,00 €	Verbindlichkeiten aus L. u. L.	16.000,00 €
Bank	5.000,00 €		
Kasse	1.000,00 €		
	60.000,00 €		60.000,00 €

Eigenkapitalquote (EK-Quote)

Die Eigenkapitalquote ist eine der wichtigsten Kennzahlen, da sie hauptsächlich über die Kreditwürdigkeit des Unternehmens Aufschluss gibt. Eine hohe Eigenkapitalquote ist Kennzeichen für die finanzielle Stabilität eines Unternehmens.

$$\text{Eigenkapitalquote} = \frac{\text{Eigenkapital} \cdot 100}{\text{Gesamtkapital}}$$

$$\text{Eigenkapitalquote} = \frac{20.000,00 \text{ €} \cdot 100}{60.000,00 \text{ €}} = 33,33 \text{ \%}$$

In Deutschland beträgt sie bei mittelständischen Unternehmen zwischen 18 % und 20 %. Große Unternehmen erreichen Werte zwischen 27 % und 28 %.
Eine geringe Eigenkapitalausstattung führt zwangsläufig dazu, sich finanzielle Mittel teuer am Kapitalmarkt beschaffen zu müssen, was sich wiederum negativ auf die Gewinnsituation des Unternehmens auswirken kann.

Finanzierung

$$\text{Finanzierung} = \frac{\text{Eigenkapital} \cdot 100}{\text{Fremdkapital}}$$

$$\text{Finanzierung} = \frac{20.000,00 \text{ €} \cdot 100}{40.000,00 \text{ €}} = 50 \text{ \%}$$

Je höher das Eigenkapital, umso stabiler und krisensicherer stellt sich ein Unternehmen auf.

$$\text{Verschuldungsgrad} = \frac{\text{Fremdkapital} \cdot 100}{\text{Eigenkapital}}$$

$$\text{Verschuldungsgrad} = \frac{40.000,00 \, € \cdot 100}{20.000,00 \, €} = 200\,\%$$

Ist der Verschuldungsgrad hoch, so impliziert dies eine hohe Abhängigkeit von den Gläubigern. Die Handlungsfähigkeit ist eingeschränkt, denn zwangsläufig folgen den Zins- und Tilgungszahlungen Offenlegungs- und Berichtspflichten über die Situation des Unternehmens.

Anlagendeckung

Die Anlagendeckung besagt, inwieweit das Anlagevermögen über das Eigenkapital gedeckt ist. Diese Kennzahl lehnt sich an die goldene Bilanzregel an.

Anlagendeckung I

$$\text{Anlagendeckung I} = \frac{\text{Eigenkapital} \cdot 100}{\text{Anlagevermögen}}$$

$$\text{Anlagendeckung I} = \frac{20.000,00 \, € \cdot 100}{42.000,00 \, €} = 47,62\,\%$$

Die Anlagendeckung I zeigt, inwieweit das Anlagevermögen durch das Eigenkapital gedeckt ist. Werte um 80 % werden als akzeptabel bezeichnet.

Anlagendeckung II

Die Anlagendeckung II fordert, dass das langfristig gebundene Vermögen durch das langfristig vorhandene Kapital gedeckt werden muss.
Als Faustregel gilt, dass der Anlagendeckungsgrad II mindestens 100 % aufweisen soll.

$$\text{Anlagendeckung II} = \frac{(\text{Eigenkapital} + \text{langfristiges Fremdkapital}) \cdot 100}{\text{Anlagevermögen}}$$

$$\text{Anlagendeckung II} = \frac{44.000,00 \, € \cdot 100}{42.000,00 \, €} = 104,76\,\%$$

Anlagenintensität

$$\text{Anlagenintensität} = \frac{\text{Anlagevermögen} \cdot 100}{\text{Gesamtkapital}}$$

$$\text{Anlagenintensität} = \frac{42.000,00 \, € \cdot 100}{60.000,00 \, €} = 70\,\%$$

Die Anlagenintensität drückt aus, wie viel Prozent des Gesamtkapitals aus Anlagevermögen bestehen.

Sinkt die Anlagenintensität über mehrere Jahre hinweg, so ist dies ein mögliches Zeichen für die Überalterung des Anlagevermögens. Diese Kennzahl ist stark branchenabhängig.

Liquidität

Liquidität 1. Grades

Die Liquidität 1. Grades beschreibt, ob ein Unternehmen in der Lage ist, seinen kurzfristigen Verbindlichkeiten nachzukommen. Liquide Mittel sind das Bankguthaben und der Kassenbestand.

$$\text{Liquidität 1. Grades} = \frac{\text{Flüssige Mittel} \cdot 100}{\text{Kurzfristiges Fremdkapital}}$$

$$\text{Liquidität 1. Grades} = \frac{6.000,00\ € \cdot 100}{16.000,00\ €} = 37,5\ \%$$

Für akzeptabel wird ein Wert von ungefähr 20 % angesehen.

Liquidität 2. Grades

$$\text{Liquidität 2. Grades} = \frac{(\text{Flüssige Mittel} + \text{Forderungen aus L. u. L.}) \cdot 100}{\text{Kurzfristiges Fremdkapital}}$$

$$\text{Liquidität 2. Grades} = \frac{(6.000,00\ € + 500,00\ €) \cdot 100}{16.000,00\ €} = 40,63\ \%$$

Als Maßstab wird ein Wert von mindestens 100 % angesehen. Das kurzfristige Vermögen muss mindestens die kurzfristigen Verbindlichkeiten decken können.

Das bedeutet, dass Fridolin eigentlich mit den flüssigen Mitteln und den noch offenen Forderungen seine kurzfristigen Verbindlichkeiten decken müsste, was hier keineswegs der Fall ist. Er scheint Probleme zu haben, seine Lieferanten bezahlen zu können.

Liquidität 3. Grades

$$\text{Liquidität 3. Grades} = \frac{\text{Umlaufvermögen} \cdot 100}{\text{Kurzfristiges Fremdkapital}}$$

$$\text{Liquidität 3. Grades} = \frac{18.000,00\ € \cdot 100}{16.000,00\ €} = 112,50\ \%$$

Für diese Kennzahl wird das komplette Umlaufvermögen miteinbezogen. Der Richtwert aus Bankensicht beträgt 200 %. Sie drückt die mittelfristige Liquidität aus, da Vorräte oder Handelswaren innerhalb einer gewissen Zeitspanne liquidiert werden können.

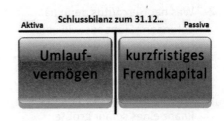

Einen realistischen Aufschluss über die wirtschaftliche Situation eines Unternehmens erhält man, wenn die Bilanzkennzahlen im mehrjährigen Vergleich evaluiert werden.

Bei Fridolins Unternehmen kann somit erst eine aussagekräftige Analyse durch den Vergleich mehrerer Geschäftsjahre erfolgen. Sinkt beispielsweise die Anlagenintensität im Laufe der Jahre kontinuierlich, deutet dies auf eine Überalterung des Anlagevermögens hin. Mögliche Ursache sind fehlende finanzielle Mittel.

Aufgaben

1. Gegeben sind die GuV aus dem aktuellen Jahr sowie die Schlussbilanzen der Goggi Kartfun GmbH aus dem Vorjahr bzw. dem aktuellen Jahr.

Soll	8020 GuV aktuelles Jahr		Haben aktuelles Jahr
Summe Aufwendungen	2.637.520,00 €	5000 Umsatzerlöse FE	1.600.850,00 €
3000 Eigenkapital	349.540,00 €	5100 Umsatzerlöse HW	986.210,00 €
		Summe sonstige Erträge	400.000,00 €
	2.987.060,00 €		2.987.060,00 €

Aktiva	Vorjahr	Schlussbilanz zum 31.12... aktuelles Jahr		Vorjahr	Passiva aktuelles Jahr
0530 Betriebsgebäude	900.000,00 €	1.100.000,00 €	3000 Eigenkapital	555.009,00 €	904.549,00 €
0720 Maschinen	356.400,00 €	687.000,00 €	4250 Darlehen	1.036.433,00 €	1.490.000,00 €
0840 Fuhrpark	96.500,00 €	138.500,00 €	4400 Verbindlichkeiten aus L. u. L.	264.299,00 €	185.000,00 €
0870 BGA	184.000,00 €	212.000,00 €			
2000 Rohstoffe	62.500,00 €	50.500,00 €			
2030 Betriebsstoffe	5.800,00 €	20.800,00 €			
2100 Unfertige Erzeugnisse	45.000,00 €	40.000,00 €			
2200 Fertige Erzeugnisse	20.000,00 €	120.000,00 €			
2280 Handelswaren	29.000,00 €	35.009,00 €			
2400 Forderungen aus L. u. L.	40.867,00 €	135.850,00 €			
2800 Bank	100.674,00 €	27.000,00 €			
2880 Kasse	15.000,00 €	12.890,00 €			
	1.855.741,00 €	2.579.549,00 €		1.855.741,00 €	2.579.549,00 €

a) Die Umsatzrentabilität liegt im Branchendurchschnitt bei etwa 8,6 %.
   Erklären Sie die Bedeutung dieser Kennzahl und ermitteln Sie die Umsatzrentabilität der Goggi Kartfun GmbH.

b) Berechnen Sie in einem Excel-Sheet die Bilanzkennzahlen im Zweijahresvergleich.

c) Stellen Sie die Entwicklung grafisch dar.

d) Bewerten Sie die Kennzahlen und nehmen Sie Stellung zur Unternehmensentwicklung.

2. Was hat Herr Vitus denn da gefunden? Sieht aus wie eine Bilanz, aber anscheinend hat jemand etwas darüber verschüttet. Beim genaueren Hinsehen erkennt er, dass es sich um die Bilanz eines seiner größten Konkurrenten handelt. Leider sind die Zahlen nicht vollständig, da Tintenkleckse über das Blatt verteilt sind.

Die Versuchung ist zu groß. Herr Vitus möchte zu gerne wissen, wie er im Vergleich zur „Mada Moto" steht.

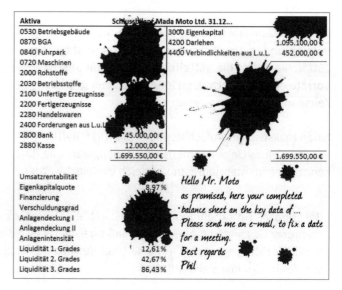

Aktiva	Schlussbilanz Mada Moto Ltd. 31.12...		
0530 Betriebsgebäude		3000 Eigenkapital	
0870 BGA		4200 Darlehen	1.095.100,00 €
0840 Fuhrpark		4400 Verbindlichkeiten aus L.u.L.	452.000,00 €
0720 Maschinen			
2000 Rohstoffe			
2030 Betriebsstoffe			
2100 Unfertige Erzeugnisse			
2200 Fertigerzeugnisse			
2280 Handelswaren			
2400 Forderungen aus L.u.L.			
2800 Bank	45.000,00 €		
2880 Kasse	12.000,00 €		
	1.699.550,00 €		1.699.550,00 €

Umsatzrentabilität		
Eigenkapitalquote	8,97 %	
Finanzierung		
Verschuldungsgrad		
Anlagendeckung I		
Anlagendeckung II		
Anlagenintensität		
Liquidität 1. Grades	12,61 %	
Liquidität 2. Grades	42,67 %	
Liquidität 3. Grades	86,43 %	

Hello Mr. Moto
as promised, here your completed
balance sheet an the key data of ...
Please send me an e-mail, to fix a date
for a meeting.
Best regards
Phil

a) Unterstützen Sie Herrn Vitus in seinem Bemühen, die restlichen Kennzahlen zu ermitteln.

b) Sollten bestimmte Zahlen nicht zu eruieren sein, begründen Sie dies.

c) Vergleichen Sie die herausgefundenen Kennzahlen mit denen der Goggi Kartfun GmbH in einer tabellarischen und einer grafischen Übersicht.

d) Kommentieren Sie die Gegenüberstellung.

Merke: Kennzahlen stellen ein wichtiges Instrument sowohl für Unternehmen als auch für Außenstehende dar, um die geschäftliche Entwicklung realistisch und objektiv vergleichbar abzubilden.
Sie dienen der Analyse, Planung und Steuerung des Unternehmens.

6.3 Kreditsicherheiten – Realkredite

Die Situation in Fridolins neu gegründetem Unternehmen sieht auf den ersten Blick nicht allzu rosig aus. Bedenkt man allerdings, dass dies sein erstes Geschäftsjahr war, scheint auch für das Bankhaus Muck die Geschäftsentwicklung durchaus positiv. Für die weitere Entwicklung seines Unternehmens benötigt er allerdings einen Kredit, um notwendige Investitionen tätigen zu können. Aber mit der nächsten Frage seines Firmenkundenbetreuers hat Fridolin nicht gerechnet. Herr Muck:

„Ihre ersten Schritte als Unternehmer waren ja recht annehmbar. Für einen neuen Kredit bräuchte ich natürlich eine Absicherung. Welche Sicherheiten können sie mir denn anbieten?"

Fridolin: „Warum denn Sicherheiten? Mein Geschäft läuft doch nicht schlecht. Das haben sie doch selbst gesagt. Tja, ich habe keine Sicherheiten. Oder besser gefragt: Was verstehen sie darunter?"

Auch wenn Unternehmen eine positive Geschäftsentwicklung zeigen, erwarten Banken eine Absicherung für die aufgenommenen Kredite. Hierfür existieren Sicherungsmechanismen wie Real- oder Personalsicherheiten.

Ein Realkredit oder ein Kredit, der über eine Realsicherheit bewilligt wird, ist durch Sach- oder Vermögenswerte abgesichert. Man bezeichnet dies auch als „**dingliche Sicherung**", die aus unbeweglichen oder beweglichen Dingen besteht. Diese können z. B. sein:

→ Wertpapiere   → Maschinen

→ Schmuck   → Kfz

→ Gold

Die einfachste Form der Sicherheit ist der Eigentumsvorbehalt (→ Themenbereich 2). Der Verkäufer bleibt bis zur vollständigen Bezahlung Eigentümer der Ware.

■ 6.3.1 Lombardkredit

Geprägt wurde der Name durch Geldwechsler aus der Lombardei, die Darlehen gewährten und als Sicherheit dafür Waren, Gold und Ähnliches als Pfand einbehielten. Die bekannteste, heute noch existierende Form ist das Pfandhaus.
Der Lombardkredit bezeichnet einen kurz- bis mittelfristigen Kredit, der gegen die Verpfändung einer beweglichen Sache erfolgt.

Geregelt ist dieser in den §§ 1204 bis 1273 BGB.

§ 1204 Abs. 1 BGB
Eine bewegliche Sache kann zur Sicherung einer Forderung in der Weise belastet werden, dass der Gläubiger berechtigt ist, Befriedigung aus der Sache zu suchen (Pfandrecht).
[...]
§ 1205 Abs. 1 Satz 1 BGB
Zur Bestellung des Pfandrechts ist erforderlich, dass der Eigentümer die Sache dem Gläubiger übergibt und beide darüber einig sind, dass dem Gläubiger das Pfandrecht zustehen soll ...

Der Schuldner bleibt zwar weiterhin Eigentümer der verpfändeten Sache, der Kreditgeber erlangt aber durch die Übergabe die Herrschaft darüber. Er wird zum Besitzer.
Begleicht der Schuldner die Forderung am Fälligkeitstag nicht, kann der Kreditgeber das Pfand verwerten. Dies erfolgt in der Regel durch Versteigerung.

Auch bei Banken ist der Lombardkredit mit der Verpfändung z. B. von Wertpapieren, Lebensversicherungen, Edelmetallen und Waren anzutreffen.

Der große Nachteil dieser Sicherungsform für den Kreditnehmer besteht darin, dass er über die Sache nicht mehr verfügen kann. Erschwerend kommt hinzu, dass der Beleihwert weit unter dem tatsächlichen Marktpreis der Sache liegt. Bei Wertpapieren beläuft sich die Beleihgrenze zwischen 60 % und 80 %. Bei Waren, Edelmetallen usw. pendelt der Wert zwischen 30 % und 50 %.

Fridolin könnte die Uhr seines Urgroßvaters verpfänden. Die Uhr wurde von einem Uhrmacher auf 6.000,00 € geschätzt. Aber als Pfand würde er sie nur benutzen, wenn er sich sicher sein könnte, dass er sie auch wieder auslösen kann.

Kreditnehmer

Kreditgeber

		Kreditnehmer	Kreditgeber
+	**Vorteile**	→ Geringe Kosten	→ Verwertung bei Fälligkeit
		→ Unkomplizierte Handhabung	→ Absonderungsrechte im Konkursfall
–	**Nachteile**	→ Keine Verfügungsgewalt	→ Wertverlust möglich
		→ Geringer Beleihwert	→ Haftung für Verschlechterung oder Untergang im Lager

■ 6.3.2 Sicherungsübereignung

Eine andere Form der Realsicherheiten stellt die Sicherungsübereignung dar. Das Eigentum an einer beweglichen Sache geht als Kreditsicherheit an den Kreditgeber über.
Der Vorteil gegenüber dem Lombardkredit besteht darin, dass der Kreditnehmer unmittelbarer Besitzer bleibt, also weiter die Sache nutzen kann.

> Fridolin könnte sein Auto oder seinen High-Tech-PC als Sicherheit geben und ihn trotzdem weiterhin benutzen.

Erst wenn der Kreditnehmer seine Rückzahlungen nicht mehr leisten kann, hat der Kreditgeber einen Herausgabeanspruch auf die Sache.

Kreditnehmer

Kreditgeber

		Kreditnehmer	Kreditgeber
+	**Vorteile**	→ Weitere Nutzung der Gegenstände	→ Gegenstände müssen nicht verwahrt bzw. eingelagert werden.
		→ Für Dritte ist der Eigentumsübertrag nicht erkennbar.	→ Absonderungsrechte im Konkursfall
			→ Die Verwertung kann durch freihändigen Verkauf erfolgen.

Kreditnehmer

Kreditgeber

— **Nachteile** → Über den Gegenstand kann nicht frei verfügt werden (Verkauf usw.).

→ Das Objekt muss ausreichend versichert sein.

→ Sicherheiten könnten an gutgläubige Dritte weiterverkauft werden.

→ Der Wert könnte vernichtet oder beschädigt werden.

■ 6.3.3 Grundpfandrechte

Die Sicherung durch Grundpfandrechte erlangt bei langfristigen Krediten große Bedeutung. Es wird eine unbewegliche Sache übertragen. Als Garantie dient beispielsweise ein Grundstück.

Beispiel:
Herr Vitus hat als Gewähr für die neue Fertigungslinie „KidsKarts" ein Grundstück als Grundpfandrecht zur Verfügung gestellt.

Auf dieses Grundstück möchte ich ein Grundpfandrecht eintragen lassen.

Man unterscheidet bei den Grundpfandrechten zwischen **Hypothek** und **Grundschuld**.

Die **Hypothek** stellt ein Grundpfandrecht dar, bei dem sowohl das Grundstück als auch der Schuldner haften. Man spricht in diesem Fall von **doppelter Sicherung**. Die Bank kann bei Nichterfüllung der Kreditrückzahlung ein flexibles Zugriffsrecht ausüben.

Die **Grundschuld** dagegen ist ein **Pfandrecht** an einem Grundstück. Hier haftet nur das Grundstück und nicht der Eigentümer.

Beim Grundpfandrecht hat der Gläubiger massive Rechte, wie z. B.

→ die Zwangsversteigerung des Grundstücks,

→ die Durchführung einer Zwangsverwaltung (Miet- oder Pachteinnahmen bleiben beim Gläubiger).

Der Schuldner hat die Möglichkeit, ein Grundstück mit mehreren Grundpfandrechten zu belasten. Nach der Reihenfolge der Eintragung im Grundbuch unterscheidet man erste, zweite, dritte usw. Grundschuld bzw. Hypothek. Kommt es zu einer Zwangsversteigerung, werden alle Gläubiger nach der Reihenfolge der Eintragung im Grundbuch bedient.
Sowohl die Eintragung als auch die Löschung der Sicherheit bedarf der notariellen Beurkundung.

■ 6.4 Kreditsicherheiten – Personalkredite

Wenn keine dingliche Sicherung möglich ist, kann eine Person als Sicherheit fungieren.
Beim einfachen Personalkredit liegt die Sicherung allein in der Person des Kreditnehmers. Wird diese auch auf weitere Personen ausgeweitet, spricht man von einem verstärkten Personalkredit.

■ 6.4.1 Bürgschaft

Fridolins Eltern erklären sich bereit, für ihren Sohn zu bürgen.
Dafür müssen sie mit dem Kreditgeber, in diesem Fall mit dem Bankhaus Muck, einen Bürgschaftsvertrag schließen. In dieser Erklärung verpflichten sie sich, für die Verbindlichkeiten ihres Sohnes aufzukommen, falls er seinen Zahlungsverpflichtungen nicht nachkommt.

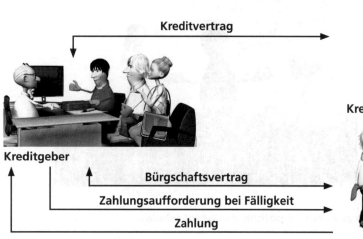

Kreditvertrag

Kreditnehmer

Kreditgeber

Bürgschaftsvertrag

Zahlungsaufforderung bei Fälligkeit

Zahlung

Bürge

Zwischen dem Bürgen und dem Kreditgeber wird parallel ein gesonderter Vertrag geschlossen, ein Bürgschaftsvertrag. Sollte der Kreditnehmer seine Verpflichtungen nicht erfüllen, muss der Bürge für diese haften.

Je nach Stellung der Bürgen werden drei Fälle unterschieden.

Ausfallbürgschaft

Bei der Ausfallbürgschaft haftet der Bürge nur dann, wenn der Hauptschuldner seine Zahlungen nicht leisten konnte und auch ein Mahnverfahren und eine folgende Zwangsvollstreckung erfolglos blieben.
Erst dann wendet sich der Kreditgeber an den Bürgen mit der Aufforderung, die noch offene Kreditsumme zu zahlen. Man nennt diese Form der Bürgschaft auch **nachschuldnerische Bürgschaft**.

Selbstschuldnerische Bürgschaft

Bei der selbstschuldnerischen Bürgschaft muss der Kreditgeber nicht erst alle Instrumente einsetzen, um vom Schuldner den Kreditausgleich zu erhalten, sondern kann sofort auf den Bürgen zugehen und von ihm die Begleichung der Forderung verlangen.

Gesamtschuldnerische Bürgschaft

Im Fall der gesamtschuldnerischen Bürgschaft haften mehrere Bürgen gemeinsam für die Kreditsumme bzw. für die Verbindlichkeiten des Kreditnehmers. Der Gläubiger kann sich in diesem Fall an jeden Bürgen zur Rückzahlung der Forderung wenden.

6.4.2 Zession

Unter Zession versteht man die Abtretung bestehender oder zukünftiger Forderungen zur Absicherung eines Kredits. Der Kreditnehmer schließt dafür zwei Verträge ab. Neben dem Kreditvertrag wird ein **Zessionsvertrag** geschlossen.

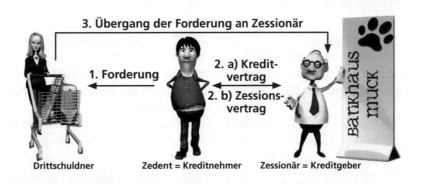

3. Übergang der Forderung an Zessionär

1. Forderung

2. a) Kreditvertrag

2. b) Zessionsvertrag

Drittschuldner   Zedent = Kreditnehmer   Zessionär = Kreditgeber

Der **Kreditnehmer (Zedent)** verpflichtet sich, die vertraglich vereinbarten Forderungen an den **Kreditgeber (Zessionär)** abzutreten.

Unterschieden werden:

→ **Offene Zession**

Der Kunde des Kreditnehmers wird von der Zession in Kenntnis gesetzt.
Bei Fälligkeit zahlt er direkt an den Zessionär. Kreditnehmer versuchen diese Form möglichst zu vermeiden, da sie eventuell zu Imageproblemen bzw. Rufschädigung führen kann.

→ **Stille Zession**

Der Drittschuldner bzw. Kunde erfährt von der Zession nichts und begleicht die Forderungen an den Schuldner. Der Zedent leitet die Zahlung umgehend an den Gläubiger weiter.
Die stille Zession erfordert zwangsläufig vom Gläubiger ein hohes Maß an Vertrauen, dass der Schuldner die Zahlungseingänge womöglich nicht weiterleitet bzw. diese für andere Zwecke verwendet.

→ **Globalzession**

Vereinbart der Kreditnehmer mit dem Kreditgeber eine Globalzession, tritt er alle gegenwärtigen und zukünftig noch auftretenden Forderungen gegenüber Debitoren ab. Gängig ist die alphabetische Abtretung, beispielsweise die Abtretung der Forderungen an die Kunden A bis E.

Merke: Kreditgeber lassen sich die Bereitstellung finanzieller Mittel absichern. Diese Sicherheiten werden in Real- und Personalsicherheiten unterschieden. Während Realsicherheiten durch eine dingliche Sicherung von Sach- oder Vermögenswerten erfolgt, stehen bei Personalsicherheiten Personen für die Absicherung des Kredits ein.

Realsicherheiten	Personalsicherheiten
→ Lombard- bzw. Pfandrecht → Sicherungsübereignung → Grundpfandrecht	→ Bürgschaft → Zession

Aufgaben

1. Die Goggi Kartfun GmbH beabsichtigt, ihren Fuhrpark zu erneuern. Es sollen fünf neue Pkw im Gesamtwert von 140.000,00 € angeschafft werden.

   Da die alten Fahrzeuge in Zahlung gegeben werden und der Autohändler aufgrund der momentanen Marktsituation einen Rabatt von 20 % einräumt, wird die Investitionssumme für den Fuhrpark auf 90.000,00 € veranschlagt.

   Dieser Betrag soll finanziert werden. Herr Vitus sucht nun das Bankhaus Muck auf und unterbreitet Herrn Pfennig seine Pläne. Vorsorglich stellt er seinem Kundenbetreuer die aktuelle Bilanz zur Verfügung.

   Herr Pfennig: „Herr Vitus, wie wollen Sie den Kredit denn absichern?"

   Herr Vitus: „Nun, die Grundstücke und die Maschinen dienen ja bereits als Sicherheit für die langfristigen Verbindlichkeiten. Ich denke, es gibt ja auch noch andere Möglichkeiten."

   a) Führen Sie an, welche Form der Sicherheit das Grundstück und die Maschinen darstellen.

   b) Das Betriebsgebäude und die Maschinen, die als Absicherung dienen, übersteigen in ihrem Wert deutlich die Höhe der langfristigen Verbindlichkeiten.

   Laden Sie von den Seiten des Bundesministeriums für Wirtschaft und Technologie (www.existenzgruender.de), den Infobrief Gründerzeiten Nr. 27, Sicherheiten und Bürgschaften, herunter. In diesem finden Sie eine Übersicht über Richtwerte zur Kreditsicherheitsbewertung.

   Erstellen Sie aus den dargelegten Informationen eine übersichtliche Tabelle für Herrn Vitus.

   c) Unterbreiten Sie zwei begründete Vorschläge, welche in der Bilanz ersichtlichen Positionen noch als Sicherheiten dienen können.

   d) Überprüfen Sie, ob auch die anzuschaffenden Fahrzeuge als Sicherheiten herangezogen werden können.

   e) Diskutieren Sie, warum letztere Form der Sicherung (unter d) von Banken weniger bevorzugt wird.

2. Das Bankhaus Muck geht auf die Vorschläge nicht ein.

   Herr Pfennig: „Herr Vitus, was halten Sie denn von meinem Vorschlag, wenn Sie privat dafür bürgen? Ich hätte hier schon ein entsprechendes Formular vorbereitet."

   Herr Vitus liest das Formular durch: „ … Die selbstschuldnerische Bürgschaft bezieht sich auf alle bestehenden und künftigen Ansprüche der Bank an den Schuldner …" Herr Vitus ist sich über die Folgen nicht im Klaren.

   Erläutern Sie ihm, welche Auswirkungen seine Unterschrift unter die Bürgschaftsurkunde hätte.

7 Sonderformen der Finanzierung

▪ 7.1 Leasing

Alice, eine gute Freundin von Fridolin, ist von Beruf Goldschmiedin und hat sich ebenfalls selbstständig gemacht. Sie eröffnete einen sehr exklusiven Schmuckladen. Für die Einrichtung und die ersten Mieten investierte sie eine erhebliche Summe. Einzig ein Geschäftswagen, eventuell mit einer schönen Werbeaufschrift, fehlt jetzt noch. Da sie nicht mehr über das notwendige Kapital verfügt, ein Auto zu kaufen, aber auch keinen Kredit aufnehmen möchte, sucht sie nach Alternativen.

Fridolin weist sie auf ein Kfz-Leasing hin. Ist das wirklich etwas für sie?

Leasing erfreut sich nicht nur bei den Unternehmen größter Beliebtheit, auch im Privatbereich hat diese Finanzierungsform ihren festen Platz, und hier vorrangig das Kfz-Leasing.

Unter Leasing versteht man ein der **Miete oder Pacht verwandtes Verhältnis** zwischen einem **Leasinggeber** und einem **Leasingnehmer**.

Der Leasinggeber überlässt dabei dem Leasingnehmer einen Gegenstand zur Nutzung.
Dafür bezahlt der Leasingnehmer ein **Nutzungsentgelt** oder anders ausgedrückt die **Leasingrate**.
In der Regel bleibt der Leasinggeber **rechtlicher** und **wirtschaftlicher Eigentümer** des Leasinggegenstands.
Leasing wird, je nach Leasinggeber, eingeteilt in direktes und indirektes Leasing.

Leasingformen nach Leasinggeber

Direktes Leasing	Indirektes Leasing
Der Hersteller des Produkts ist zugleich auch der Leasinggeber.	Beim indirekten Leasing übernimmt eine Leasinggesellschaft die Rolle des Leasinggebers. Sie vermittelt dem Leasingnehmer die gewünschten Produkte.

Je nach Ausgestaltung der Leasingverträge werden **Operate Leasing** und **Finance Leasing** unterschieden.

| Operate Leasing | Finance Leasing |

Operate Leasing

Beim Operate Leasing handelt es sich um Verträge mit kurzen Laufzeiten, die von beiden Seiten jederzeit kündbar sind.

Der Leasinggeber übernimmt üblicherweise die Wartung und Reparatur des Leasinggegenstandes und trägt auch das wirtschaftliche Risiko bei Beschädigung oder Untergang.

Die bilanzielle Zurechnung erfolgt beim Leasinggeber, da er den Eigentümer darstellt.

Während der Laufzeit des Leasingvertrages wird der Leasinggegenstand nicht vollständig amortisiert.

Finance Leasing

Das Finance Leasing ist die häufigste Form des Leasingvertrages.

Im Gegensatz zum Operate Leasing weisen die Verträge eine längere Laufzeit auf.

Diese darf jedoch 90 % der betriebsgewöhnlichen Nutzungsdauer nicht übersteigen. Während der Laufzeit sind diese Verträge in der Regel nicht kündbar.

Auch unterscheidet sich das Finance Leasing vom Operate Leasing hinsichtlich der Haftung bei Verschlechterung oder Untergang des Leasingobjektes.

Diese liegt, wie auch die Wartung und Instandhaltung, in der Hand des Leasingnehmers. Beim Kfz-Leasing wird gefordert, dass die turnusmäßigen Serviceintervalle eingehalten und diese wie auch Reparaturen ausschließlich von den Herstellerwerkstätten durchgeführt werden.

Da der Leasingnehmer, selbst wenn der Leasinggegenstand zerstört ist, die Leasingraten zahlen muss, wird eine ausreichende Absicherung verlangt.

Ebenso wie beim Operate Leasing erfolgt die Bilanzierung des Vermögensgegenstandes beim Leasinggeber.

Die Leasingraten setzen sich in beiden Fällen zusammen aus

→ der Amortisierung des Leasinggegenstandes,

→ den Verwaltungskosten des Leasinggebers und

→ dem Gewinnanteil für den Leasinggeber.

Nach Ablauf der Leasingzeit geht der Gegenstand wieder in den Machtbereich des Leasinggebers zurück, nicht ohne eine genaue Untersuchung und, falls notwendig, eine Instandsetzung auf Kosten des Leasingnehmers.

+ Vorteile

→ Laufende Anpassung an den neuesten Stand der Technik

→ Zusätzliche Serviceleistungen (Full Service Leasing usw.) machen das Leasing komfortabel.

→ Leasingraten sind Aufwendungen, die in der GuV verbucht werden und somit den zu versteuernden Gewinn vermindern.

— Nachteile

→ Keine freie Verfügungsgewalt über den Leasinggegenstand

→ Zumeist hohe Folgeaufwendung bei der Rückgabe des Leasinggegenstandes

→ Bindung während der gesamten Laufzeit des Vertrages (Finance Leasing)

Beispiel:
Kreditkauf eines Kfz für 30.000,00 €

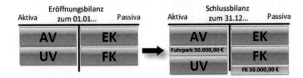 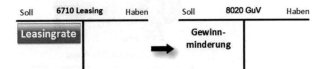

Der Kreditkauf eines Kfz führt zu einer Bilanzverlängerung und damit auch zu einer Veränderung der Eigenkapitalquote. Wird im Vergleich dazu das Auto geleast, stellen die Leasingraten eine Betriebsausgabe dar, die als Aufwand verbucht wird. Der Aufwand wirkt gewinnmindernd und somit auch steuermindernd.

Arbeitsaufträge:

1. Besuchen Sie einen Automobilhändler und lassen Sie sich im Rahmen einer Betriebsbesichtigung die Unterschiede zwischen Leasing und Finanzierung an einem konkreten Beispiel erklären. Erstellen Sie vorab einen Fragenkatalog.

2. Fridolin ist aus dem Häuschen. Da seine Oma weiß, dass er sich nichts sehnlicher wünscht als ein neues Motorrad, hat sie ihm 5.000,00 € geschenkt.
   Er bittet Sie, ihn bei seiner Wahl zu unterstützen. Fridolin könnte sich ein Leasing oder auch eine Finanzierung mit einer Laufzeit von vier Jahren vorstellen. Die Laufleistung pro Jahr beträgt 10.000 km. Besuchen Sie einen Motorradhändler Ihrer Wahl und entschließen Sie sich für ein Modell.
   Stellen Sie die beiden Möglichkeiten Leasing und Finanzierung einander tabellarisch gegenüber und geben Sie Fridolin einen Ratschlag, welche Form sich für ihn interessanter gestaltet.

■ 7.2 Factoring

Ein Artikel im Handelsblatt stößt bei Fridolin auf Aufmerksamkeit, denn auch er hat die Befürchtung, dass er vielleicht Probleme bei der Finanzierung seines Unternehmens haben könnte.
Factoring stellt vielleicht auch für ihn eine Möglichkeit der Finanzierung dar. Vor zwei Wochen diskutierte er heftig mit einem Kunden, der zwölf Wochen benötigte, seine Rechnung zu begleichen.
Auch das Mahnwesen gestaltet sich für ihn schwieriger als erwartet.

Unter Factoring versteht man den **Ankauf von Forderungen aus Lieferungen und Leistungen** durch einen **Factor** (Factoring-Gesellschaft).

Aufgaben des Factors

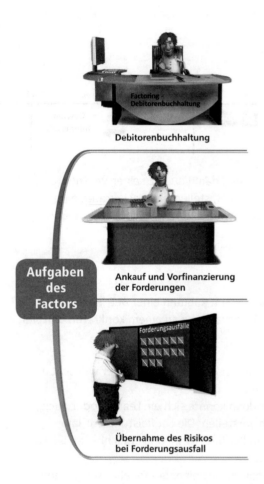

Debitorenbuchhaltung

Aufgaben des Factors

Ankauf und Vorfinanzierung der Forderungen

Übernahme des Risikos bei Forderungsausfall

Dienstleistungsfunktion

Der Factor übernimmt die Debitorenbuchhaltung und das Mahnwesen und treibt die Forderungen ein.

Finanzierungsfunktion

Der Factor kauft, entsprechend den vertraglichen Bedingungen, dem Unternehmen die vereinbarten Forderungen ab und überweist in der Regel innerhalb von zwei Tagen ca. 80 % des Bruttorechnungsbetrages. Die restliche Summe erhält das Unternehmen bei Zahlungseingang.

Delkrederefunktion

Der Factor übernimmt die Haftung bei einem möglichen Forderungsausfall.

Für sein Angebot verlangt der Factor gesondert Gebühren.

In der Praxis findet man unterschiedliche Formen des Factorings. So existieren Angebote, die nur Dienstleistungs- und Finanzierungsfunktion anbieten. Man spricht in diesen Fällen von **unechtem Factoring**. Beim **echten Factoring** wird zusätzlich die Haftung des Forderungsausfalls übernommen.

Formen des Factorings

Für Fridolin hört sich das sehr interessant an. Endlich könnte er sich auf die Arbeit konzentrieren, die ihm viel mehr Spaß macht. Aber wenn die Kunden das mitbekommen, was werden die denken? Oder müssen die Kunden das wissen?

Es existieren zwei unterschiedliche Arten des Factorings:

→ **Offenes Factoring**
Beim offenen Factoring werden die Kunden darauf hingewiesen, die Begleichung der Forderungen nicht an den Lieferanten, sondern direkt auf das Konto des Factors zu entrichten.

→ **Stilles Factoring**
Beim stillen Factoring werden die Kunden über das Factoring nicht informiert. Sie überweisen weiterhin zum Rechnungsausgleich an den Lieferanten. Dieser leitet die Forderungen umgehend an den Factor weiter.

Ablauf des Factorings

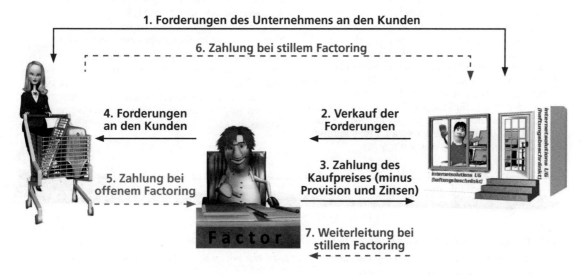

1. Forderungen des Unternehmens an den Kunden

6. Zahlung bei stillem Factoring

4. Forderungen an den Kunden

2. Verkauf der Forderungen

5. Zahlung bei offenem Factoring

3. Zahlung des Kaufpreises (minus Provision und Zinsen)

7. Weiterleitung bei stillem Factoring

+ Vorteile	− Nachteile
→ Schnelle Liquidität	→ Auszahlung nur bis zu maximal 90 % der Forderungshöhe
→ Keine Probleme mit Zahlungsverzögerungen	→ Factoringgebühr (0,5 – 2,5 % des Bruttoumsatzes)
→ Einfache Finanzplanung	→ Factor kauft nicht jede Forderung
→ Einsparung von Verwaltungskosten und Arbeitszeit	→ Nur langfristige Verträge
→ Entlastung eigener Mitarbeiter	→ Probleme mit Kunden (etwaiger Imageschaden), da Factoring leider noch immer der Makel des „Eintreiberflairs" vorauseilt

Arbeitsauftrag:

Lesen Sie den unten stehenden Artikel aufmerksam durch.

a) Interpretieren Sie, warum der Autor im Zusammenhang mit Factoring die Überschrift „Kapital in Krisenzeiten" gewählt hat.

b) Stellen Sie die Vorteile des Factorings dar.

Kapital für Krisenzeiten

von Thomas Frericks

Um Liquiditätsengpässe zu vermeiden, setzen immer mehr Unternehmer auf das Forderungsmanagement und gewinnen so mehr Planungssicherheit. Denn der Factor übernimmt das Debitorenmanagement ebenso wie das Risiko eines Forderungsausfalls.

Nicht erst seit der Finanzkrise bedrohen Liquiditätsmangel und Zahlungsausfälle die Existenz vieler Firmen. Eine Kreditklemme könnte das Problem aber weiter verschärfen – auch für wachsende Unternehmen, die Fremdkapital für Investitionen und Umsatzausweitung benötigen. Die Banken vergeben Kredite immer restriktiver und teurer, haben doch einige von ihnen selbst mit Liquiditätsengpässen zu kämpfen. Eine Studie von Siemens Financial Services unter 2.700 Unternehmen zeigt, dass sich bereits für knapp 30 Prozent der Firmen in Deutschland die Kreditkosten erhöht haben. Rund 15 Prozent der Befragten gaben an, ihre Kreditlinien seien limitiert oder reduziert worden.

Die Folge: Geeignete alternative Finanzierungsformen wie der Verkauf offener Forderungen verzeichnen steigende Nachfrage. „Gerade jetzt bekommen wir verstärkt Anfragen von Unternehmen, die sich gezwungen sehen, abseits vom Bankkredit nach Refinanzierungsmöglichkeiten zu suchen. (…)

Setzt man Factoring strategisch als Finanzierungsinstrument ein, gewinnt man nicht nur Planungssicherheit. Auch ein Auslagern administrativer Aufgaben ist möglich, denn das komplette Debitorenmanagement geht auf den Factor über, ebenso wie alle Risiken eines Forderungsausfalls.

Der wesentliche Vorteil liegt in der kurzfristigen Umsatzfinanzierung: Der Factor zahlt nach Ankauf der Forderungen innerhalb von 48 Stunden mindestens 80 Prozent der Rechnung an seinen Kunden aus, den Rest nach Eingang des Rechnungsbetrags. (…)

Quelle: Thomas Frericks: Kapital für Krisenzeiten, erschienen in: Handelsblatt 19.11.2008.

URL: http://www.handelsblatt.com/unternehmen/mittelstand/kapital-fuer-krisenzeiten/3056918.html

(abgerufen am 3.11.2011)

7.3 Finanzierung durch Rückstellungen

Herr Vitus überlegt, für seine Mitarbeiter Pensionsrückstellungen zu bilden, um neben der gesetzlichen Rentenversicherung auch betrieblich eine Versorgungsleistung anzubieten. Werden Rückstellungen gebildet, die die Mitarbeiter jedoch momentan nicht in Anspruch nehmen – da während des Arbeitszeitlebens noch keine Rentenleistung bezogen wird –, kann vonseiten des Unternehmens diese Summe zwischenzeitlich für Investitionen genutzt werden.

Rückstellungen werden für Aufwendungen gebildet, die zwar ihrer Art nach feststehen, aber zum Bilanzstichtag noch nicht durchgeführt werden konnten.
Ihre genaue Höhe und Fälligkeit ist noch nicht bekannt (§ 249 HGB).
Dieses Kapital kann als weitere Finanzierungsquelle dienen. Bis zum Zeitpunkt der Fälligkeit der Pensionszahlungen steht das Kapital dem Unternehmen zur Verfügung.
Der Art nach sind Rückstellungen wie Fremdkapital zu betrachten. Das Kapital fließt dem Unternehmen von außen zu.

7.4 Finanzierung durch Beteiligungskapital

Beteiligungskapital entsteht, wenn sich Dritte anteilig am Unternehmen beteiligen.
Die Beteiligung kann sowohl als offene wie auch als stille Beteiligung erfolgen.

Bei der **offenen Beteiligung** erwirbt ein Investor oder eine spezielle Beteiligungsgesellschaft Anteile am Unternehmen in der Hoffnung, am Wertzuwachs und am Gewinn teilhaben zu können.
Das Beteiligungskapital ist Eigenkapital, das nicht zurückgezahlt werden muss.
Somit fallen auch keine Finanzierungskosten an.

Die **stille Beteiligung** ist ihrer Form nach eine „Innengesellschaft", die nach außen nicht in Erscheinung tritt. Ein Kapitalgeber beteiligt sich am Unternehmen mit einer Einlage.

Bei der „**typisch stillen Beteiligung**" partizipiert er am Gewinn und am Wertzuwachs des Unternehmens, nicht aber am Verlust.

Soll der Kreditgeber auch den Verlust mittragen, spricht man von einer „**atypisch stillen Beteiligung**".

Die Kapitalgeber haben in der Regel keine Entscheidungs- oder Geschäftsführungsbefugnisse, jedoch Informations- und Kontrollrechte. So muss ihnen Auskunft über die geschäftliche Entwicklung gegeben werden, wie z. B. Einblick in die Bilanz.

In den vergangenen Jahren traten verstärkt Beteiligungsgesellschaften in den Vordergrund, wie **Private-Equity-Gesellschaften** oder **Venture-Capital-Gesellschaften**.

Venture-Capital-Geber und Private-Equity-Gesellschaften erhöhen die Eigenkapitalquote, verzichten in der Regel auf Sicherheiten, erwarten aber dafür ein hohes Wachstum und eine hohe Rendite.

Zusammenhängende Fallaufgabe

Unternehmensbeschreibung

Firma	Viveri Group
Geschäftssitz	Milchstraße 172 - 178 83395 Freilassing
Telefon	8654 6659-0
Fax	8654 6659-48
Internet	www.viveri-group.de
E-Mail	info@viveri-group.de
Vorstand	Dr. Ignatz Vanderbilt Dr. Constanze Friedrichson (Vorstandsvorsitzender) Mag. Svenja Smirnow
Gegenstand des Unternehmens	Lebensmittelkonzern
Mitarbeiter	2.600 Mitarbeiter
Bankverbindung	Bankhaus Muck Freilassing Kontokorrentrahmen 250.000,00 € (7,2 %) Bankleitzahl 700 700 19 IBAN DE72 7007 0019 0001 6691 34 Kontonummer 1 669 134 BIC FREDEM8XXX
Sortiments-zusammen-setzung	Sortiment der V iveri Group Fertiggerichte und Produkte für die Küche 44 % Milch- und Diätikprodukte 16 % Getränke 11 % Süßwaren 12 % Babynahrung 17 %
Umsatz- und Ge-winnentwicklung	Sortimentsentwicklung V iveri Group Babynahrung Süßwaren Fertiggerichte und Produkte für die Küche Milch- und Diätikprodukte Getränke Umsatzentwicklung Gewinnentwicklung Jahr 00 Jahr 01

1. Beschlussfassung aus dem letzten Management-Meeting der Vorstandschaft der Viveri Group:
   Prüfung der strategischen Neuausrichtung des Unternehmens.
   Auslöser ist nicht zuletzt der oben angeführte Artikel „Kapital für Krisenzeiten" aus dem Wirtschaftsschulblatt.
   Begründen Sie den Beschluss der Unternehmensleitung.

2. Ein möglicher Übernahmekandidat, der sich selbst ins Gespräch gebracht hat, ist die Mineralbrunnen Alzwasser GmbH. Idealerweise würde dieser den Anteil der Getränkesparte von bisher 11 % auf 20 % erhöhen.
   Überprüfen Sie, welche Art von Investition die Viveri Group plant.

3. Zur Analyse wurden dem Vorstand die Geschäftszahlen des vergangenen Jahres übermittelt.
   Die Verantwortlichen der Viveri Group kamen darin überein, an den potenziellen Übernahmekandidaten strenge Anforderungen zu stellen:
   Umsatzrentabilität > 11,5 %
   Eigenkapitalquote > 20 %
   Anlagedeckung II > 120 %

   a) Erklären Sie, warum gerade diese Bilanzkennzahlen für den Vorstand als so wichtig erachtet werden.

   b) Ermitteln Sie auf Basis der dargestellten Zahlen, ob die Mineralbrunnen Altwasser GmbH die Anforderungen erfüllt. (Umsatz des vergangenes Jahr 14.698.500,00 € und Gewinn 1.650.000,00 €)

Aktiva	Bilanz der Mineralbrunnen Alzwasser GmbH		Passiva
Anlagevermögen		**Eigenkapital**	893.000,00 €
Bebaute Grundstücke	854.000,00 €		
Betriebsgebäude	645.000,00 €	**Fremdkapital**	
Maschinen	900.000,00 €	Darlehen	2.650.000,00 €
Fuhrpark	320.000,00 €	Verbindlichkeiten aus L. u. L.	690.000,00 €
BGA	140.000,00 €		
Umlaufvermögen			
RHB-Stoffe	262.000,00 €		
Unfertige Erzeugnisse	110.000,00 €		
Fertige Erzeugnisse	184.000,00 €		
Forderungen aus L. u. L.	710.000,00 €		
Bank	98.000,00 €		
Kasse	10.000,00 €		
	4.233.000,00 €		4.233.000,00 €

   c) Frau Dr. Friedrichson ist skeptisch: „Genügt es, sich alleine auf diese Bilanzkennzahlen zu verlassen?"
   Nehmen Sie dazu kritisch Stellung und führen Sie Argumente an, die die Zweifel von Frau Dr. Friedrichson stützen.

4. Frau Mag. Smirnow sieht die Bilanz ebenfalls kritisch. Vor allem der hohe Forderungsausstand fällt ihr dabei unangenehm ins Auge.
   Die Unternehmensleitung des Übernahmekandidaten gab unumwunden zu, dass das Forderungsmanagement seit dem krankheitsbedingten Ausfall des zuständigen Mitarbeiters vollständig unbeaufsichtigt ist.

   a) Stellen Sie die Vorteile des Factorings als mögliche Alternative für die Mineralbrunnen Alzwasser GmbH dar.

   b) Frau Mag. Smirnow warnt jedoch!
   Sollte das Unternehmen auf ein echtes Factoring zurückgreifen, so heißt dies noch lange nicht, dass auf eine Debitorenbuchhaltung verzichtet werden kann.
   Erläutern Sie diese Ansicht.

5. Der Prüfung unterliegen auch mögliche Instrumente der Finanzierung des Unternehmenskaufs. Als AG stehen dem Unternehmen diverse interessante Alternativen offen.

   a) Selbstverständlich werden zuerst die Möglichkeiten einer Selbstfinanzierung überprüft. Skizzieren Sie, welche Instrumente im Einzelnen hierbei infrage kommen.

   b) Als weitere Variante scheint die außenfinanzierte Eigenfinanzierung infrage zu kommen. Beschreiben Sie, was diese Finanzierungsform umfasst.

6. Dr. Ignatz Vanderbilt vereinbart einen Termin mit der Hausbank, Thema: „Finanzierung des Unternehmenskaufs". Diese Form der Kapitalbeschaffung soll nicht unberücksichtigt bleiben.

   a) Stellen Sie dar, was Herrn Dr. Vanderbilt bei diesem Gespräch erwartet.
   Geben Sie ihm eine Checkliste für die Kreditverhandlungen mit allen hierfür zwangsläufig notwendigen Informationen an die Hand.

   b) Die Hausbank offeriert folgendes Angebot:
   Ein Darlehen von 4 Mio. Euro, mit einer Laufzeit von 5 Jahren;
   Kreditkonditionen: 4,2 % p. a. nominal, bei einem Disagio der Bank in Höhe von 1,8 %.
   Herr Vanderbilt ist sichtlich zufrieden, denn vergleichbare Angebote bei anderen Banken liegen bei 4,3 %. Aber die Konkurrenz wirbt mit 4,3 % p. a. effektiv? Oh, ist da ein Unterschied?
   Bringen Sie Licht ins Dunkel und vergleichen Sie die Kreditkonditionen.

7. Während des nächsten Meetings sollen die unterschiedlichen Finanzierungsalternativen durchgespielt werden.
   Herr Dr. Vanderbilt bittet Sie, seinen Kollegen die Vor- und Nachteile einer Fremdfinanzierung darzulegen.

8. Frau Mag. Smirnow lehnt eine Finanzierung über eine Hausbank kategorisch ab.
   Als mögliche Wahl bringt sie die Unternehmensanleihe ins Spiel.
   Bei dieser Form stellen mögliche Anleger ihr Kapital für eine festgesetzte Zeitdauer, z. B. fünf oder zehn Jahre zur Verfügung.
   Sie erhalten dafür eine festgeschriebene jährliche Zinszahlung und bei Laufzeitende das eingesetzte Kapital wieder zurück.

   a) Beschreiben Sie, mit welcher Darlehensform die Anleihe vergleichbar ist.

   b) Nehmen Sie zu solchen Rückzahlungsmodalitäten Stellung.

   c) Erklären Sie, welche weitere Darlehensform Ihrer Meinung nach dem Unternehmen größere Vorteile bringen würde.

TB 13 Kapitalanlagen

Kapitalanlagen

In den zwölf vorangegangenen Themenbereichen wurden sämtliche Anforderungen aufgegriffen, die im Wirtschaftsleben von Bedeutung sind. Der Themenbereich Kapitalanlagen rundet schlussendlich das betriebswirtschaftliche Wissen ab.

Das erwirtschaftete Kapital soll durch geeignete Instrumente vermehrt werden.
Hierbei gilt es vorab, die grundsätzlichen Ziele und Strategien im Rahmen von Geldanlagen kennenzulernen. Auf dieser Grundlage werden im Anschluss die unterschiedlichen Anlageformen und im letzten Kapitel die wesentlichen Kriterien des Börsenhandels vorgestellt.

Am Ende dieses Themenbereichs sind Sie in der Lage, die wichtigsten Geldanlageformen zu benennen und diese hinsichtlich ihrer Vor- und Nachteile bzw. Chancen und Risiken zu bewerten.

1 Sparen

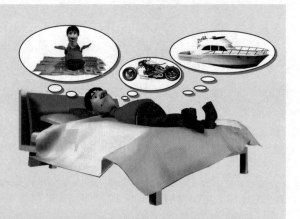

Fridolin möchte langfristig durch die Gewinne, die sein Unternehmen abwirft, sein Kapital vermehren, um sich bestimmte Wünsche zu erfüllen. Und da gäbe es schon einige. Er hätte zum Beispiel gern ein tolles Motorrad und ein kleines Sommerhäuschen in der Toskana, eine Yacht am Mittelmeer und, und, und ...
Nur weiß auch er, dass diese Wünsche nicht einfach zu erfüllen sind, außer vielleicht mit einem Sechser im Lotto. Aber das ist höchst unwahrscheinlich, zumal Fridolin gar nicht Lotto spielt. Es funktioniert vermutlich nur auf die altbekannte und herkömmliche Art und Weise – sparen. Und da fallen ihm die Worte seiner Mutter ein: „Jeder ausgegebene Euro sind zwei verdiente Euro. Spar erst einmal, denn das Geld wächst nicht auf den Bäumen!"

Und nicht nur Fridolin geht es so, auch Sie und auch der Staat müssen, bevor Investitionen getätigt werden, erst einmal sparen.

Die Motive, warum gespart wird, sind höchst unterschiedlich und hängen vom Alter, von den Wünschen und den Vorstellungen jedes Einzelnen ab.
Intentionen können z. B. sein:

→ Konsum von Luxus- und Premiummarken

→ Altersvorsorge und Zukunftssicherung

→ Sparen für große Investitionen

→ Vermögensmehrung

Durch das Sparen der einzelnen Haushalte kann unsere Wirtschaft aber auch erst richtig funktionieren, denn auf diese Weise können Banken das angelegte Geld für Kredite zur Verfügung stellen oder beispielsweise in Fonds anlegen, sodass die Haushalte Zinsen für das angelegte Geld erhalten.

Die Geld- und Güterströme können in dem volkswirtschaftlichen Modell des erweiterten Wirtschaftskreislauf veranschaulicht werden:

Insofern ergeben sich für die Teilnehmer einer Volkswirtschaft auch entsprechende Effekte.

Unternehmen greifen für Investitionen auf Fremdkapital zurück, das von den Banken bereitgestellt wird, und leisten hierfür Zinszahlungen. Durch diese Investitionen und den Einsatz weiterer Produktionsfaktoren (z. B. Arbeit) können Konsumgüter am Markt angeboten und abgesetzt werden.

Die Haushalte konsumieren nicht ihr ganzes Einkommen, sondern bilden Rücklagen, um Vermögen aufzubauen.

Die Banken können aufgrund der Einlagen der Marktteilnehmer diesen wiederum Kredite gewähren oder das Geld gewinnbringend anlegen. Dafür erhalten die Anleger und Sparer Zinsen aus ihrer Kapitalanlage.

Arbeitsauftrag:

1. Festigen Sie Ihr Wissen mithilfe der folgenden Flash-Animation: http://www.eurmacro.unisg. ch/tutor/kreislauf_film.html (abgerufen am 24.02.2012)

2. Informieren Sie sich in der Broschüre "Fakten und Zahlen aus der Kreditwirtschaft" auf den Seiten des Bundesbankenverbandes über das Verhältnis von Einlagen zu Kreditvergaben (www. bankenverband.de/publikationen/bankenverband/shopitem/ee3cbd82b26b5a153ce4b41caed-f130d).
Erstellen Sie hierzu ein aussagekräftiges Diagramm in Excel.

2 Das magische Dreieck der Geldanlage

Für Fridolin ist eines klar: Wenn er sein Geld anlegt, muss sich das auch lohnen. Je höher die Rendite, desto besser. Dafür ist er auch bereit, ein gewisses Risiko einzugehen.

Herr Vitus hingegen denkt da anders. Natürlich interessiert auch ihn ein Vermögenszuwachs, allerdings möchte er sein Geld nicht jahrelang anlegen, da er darauf zurückgreifen will, wenn er es braucht. Diese Haltung ist jedoch ungünstig für die Rendite, da nur langfristige Anlagen auch die entsprechende Kapitalmehrung erbringen.

Für seine Tochter sind ganz andere Dinge ausschlaggebend. Sie möchte ihr Geld sicher anlegen. Kursverlust und damit Kapitalverlust, das wäre ein Gräuel für sie. Lieber verzichtet Maximiliane dafür auf eine hohe Rendite.

Wie das Geld angelegt wird, hängt von der Einstellung der Anleger ab.
Grundsätzlich sind folgende Motive für eine Kapitalanlage ausschlaggebend:

→ **Hohe Rendite**
   Die Erträge entstehen durch Wertsteigerung der Einlagen oder auch aus Zinserträgen und Dividenden. Je spekulativer und riskanter die Anlageform ist, desto höhere Renditen können erreicht werden.

→ **Maximale Sicherheit**
   Die Anlage soll ein möglichst geringes Kursrisiko aufweisen und gegen Einflüsse wie Inflation oder Finanzkrise resistent sein. Zumeist handelt es sich um Anlageformen, die längerfristig laufen und aufgrund des Stabilitätskriteriums auch ein geringeres Wachstum verzeichnen.

→ **Schnelle Verfügbarkeit**
   Je schneller ein investierter Betrag wieder in Bar- oder Buchgeld umgewandelt werden soll, desto kurzfristiger kann mit der Einlage gearbeitet und somit nur ein geringerer Gewinn erwirtschaftet werden.

Die drei Eckpunkte **Rendite**, **Liquidität** und **Sicherheit** stehen in einem Spannungsverhältnis zueinander. Man spricht vom **magischen Dreieck der Geldanlage** und seinen Zielkonflikten.

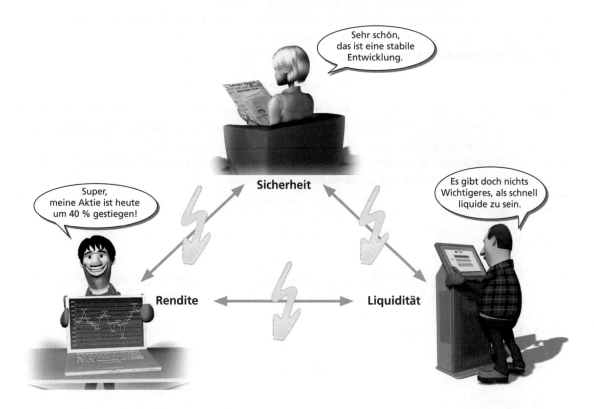

Zielkonflikt: Sicherheit – Rentabilität

Sichere Anlagen weisen eine hohe Stabilität gegenüber äußeren Einflüssen auf. Diese Sicherheit
geht jedoch auf Kosten der Rentabilität.
Anleger, die ihr Kapital auf das Sparbuch legen, lassen ihr Geld ohne jegliches Risiko arbeiten. Die
Rendite, die sich erzielen lässt, liegt in diesem Fall bei ca. 0,5 %. Diese Sicherheit birgt aber auch
eine Gefahr, denn bei höherer Inflation reduziert sich der Wert des Geldes.
Wer das Risiko nicht scheut, spekuliert mit seinem Geld in Aktien und Optionsscheinen und geht
somit bewusst die Gefahr ein, dass das Kapital auch vollständig vernichtet werden kann. Mit viel
Glück sind jedoch durch Kurssteigerungen Renditen mit weit über 30 % zu realisieren.

Zielkonflikt: Rentabilität – Liquidität

Nicht miteinander vereinbar sind auch der schnelle Zugriff auf das angelegte Kapital und hohe
Renditen. Nur wenn das Geld langfristig arbeiten kann, ist eine profitable Investition möglich.
Anleger, die auf Tagesgeld setzen, möchten schnell wieder auf das Kapital zugreifen können. Die
Rendite liegt nur geringfügig über der des Sparbuchs. Im Gegensatz dazu erhöht sich die Rendite
deutlich, wenn das Geldinstitut mit der Anlage über einen längeren Zeitraum arbeiten kann.

Zielkonflikt : Sicherheit – Liquidität

Langfristige Anlageformen weisen eine relativ hohe Sicherheit auf. Auf das eingezahlte Geld kann nicht oder meist nur mit zusätzlichen Kosten zugegriffen werden.

Sicherheit und Liquidität müssen sich jedoch nicht immer ausschließen. Es existieren Anlageformen, wie z. B. das bereits erwähnte Tagesgeld, das schnell wieder liquidiert werden kann und aufgrund der kurzen Anlagezeit stabil ist.

Merke: Kapitalanlagen werden aus den unterschiedlichsten Motiven heraus getätigt. Grundsätzliche Unterscheidungsmöglichkeit ist neben Sicherheits- und Renditeaspekten auch die Möglichkeit der Liquidierbarkeit des angelegten Geldes.
Diese Motive sind in der Regel nicht miteinander vereinbar. Man spricht vom magischen Dreieck der Geldanlage.

Aufgabe

1. Bewerten Sie die folgenden Anlageformen hinsichtlich ihrer Sicherheit, Liquidität und Rendite. Nutzen Sie hierfür die Rendite-Rechner, die online angeboten werden.

   → Kapitallebensversicherung

   → Goldanlage

   → Tagesgeld

   → Festgeld

   → Sparbuch

   → Aktienanlage

2. Marktforschungsinstitute stellen regelmäßig die Frage nach den Motiven der Geldanlage. Recherchieren Sie die Ergebnisse dieser Meinungsumfragen bzw. Studien und erstellen Sie daraus ein Excel-Diagramm.

3. Recherchieren Sie im Internet die besten Strategien der Kapitalanlage und fassen Sie Ihre Ergebnisse nach der KaWa-Methode mit dem Titel „GELD" zusammen.

3 Kapitalanlage auf Bankkonten

Fridolin hat im vergangenen Jahr fleißig gespart. Konsequent hat er sein Sparschwein gefüttert.
Nur gewährt ihm sein Sparschwein hierfür keine Zinsen. Das muss sich nun ändern.
Er geht zur Bank und möchte sein Gespartes einzahlen.
Mit der Einzahlung bei der Bank tätigt er eine Einlage.
Auf die Frage des Herrn Pfennig, an welche Einlage er denn denke, weiß Fridolin keine Antwort.
Tja, welche sollte es denn sein?

Unter einer **Einlage** versteht man das Guthaben
auf einem Konto. Man unterscheidet

→ Sichteinlagen,

→ Termineinlagen,

→ Spareinlagen.

Sichteinlagen (Sichtguthaben)

Sichteinlagen folgen dem Prinzip „Wysiwyg" („What you see is what you get"). Sichteinlagen sind
demnach Guthaben auf dem Giro- bzw. Kontokorrentkonto, über die der Kunde jederzeit verfügen
kann. Wie bereits im Themenbereich Zahlungsverkehr dargestellt, werden diese Konten für die
täglichen Transaktionen genutzt.
Da die Einlagen den Kunden jederzeit zur Verfügung stehen müssen, können Banken dieses Geld
nicht für mögliche Anlagen nutzen. Dies hat zur Folge, dass praktisch keine Zinserträge gewährt
werden.

Termineinlagen (Termingelder)

Bei diesen Anlageformen stellt der Kunde dem Bankhaus **einen bestimmten Betrag für eine
bestimmte Zeit** zur Verfügung und erhält hierfür Zinserträge. Vom Charakter her handelt es sich
um kurz- bis mittelfristige Laufzeiten.
Diese Einlagen werden verzinst (bis zu ca. 5 %), da sie der Bank länger für Anlagegeschäfte zur
Verfügung stehen.

Unterscheidung zwischen Festgeld und Kündigungsgeld

Häufigste Form der Anlage ist das **Festgeld**. Das angelegte Kapital wird zu einem vorher
bestimmten Zeitpunkt von der Bank oder Sparkasse inklusive Zinsen ausgezahlt.
Seltener sind sogenannte **Kündigungsgelder**, deren Basis nicht die Laufzeit, sondern die
Kündigungsfrist ist. In der Regel gelten Kündigungsfristen von 30, 60, 90 usw. Tagen. Die
Verzinsung schwankt zwischen 1,5 % bis 3 %.
Wird die Anlage gekündigt, ist das Geld nach der Kündigungsfrist nebst Zinsen fällig.

Fridolin hat von seiner Tante 5.000,00 € geschenkt bekommen und möchte das Geld jetzt für ein Jahr anlegen, denn im darauffolgenden Sommer würde er gerne eine Schiffsreise unternehmen. Also könnte das Geld ein Jahr für ihn arbeiten. Um sich zu orientieren, surft Fridolin im Internet nach einer lukrativen Möglichkeit, 5.000,00 € als Festgeld anzulegen. Und siehe da, er findet einige Seiten, auf denen diverse Banken ihre Angebote für Tages- und Festgeld anpreisen. Und noch besser, er kann sogar vergleichen und sich seinen Zinsertrag automatisch berechnen lassen. Wie man sieht, lohnt sich der Vergleich, denn die Erträge variieren zwischen 75,00 € und 150,00 €.

Spareinlagen (Spargelder)

Spareinlagen haben einen langfristigen Charakter und dürfen nur von Privatpersonen abgeschlossen werden. In der Regel werden sie ohne eine zeitliche Fristsetzung vereinbart.

Der Anleger erhält neben den Vertragsunterlagen ein Sparbuch ausgehändigt, in dem Ein-und Auszahlungen dokumentiert werden.
Die Zinsen für diese Anlageform betragen zwischen 0,5 % und 2 %. Die gesetzliche Kündigungsfrist beträgt für Spareinlagen über 2.000,00 € drei Monate.
Soll die Spareinlage vorzeitig aufgelöst werden, kann die Bank Vorschusszinsen (Sonderzins-zahlungen) verlangen, da sie nicht wie vereinbart mit dem Geld arbeiten konnte.

Sicherheit

Fridolin ist sehr skeptisch. Zwar möchte er schon, dass sich sein Geld vermehrt, aber wenn er daran denkt, welche Turbulenzen die letzte Finanzkrise ausgelöst hat! Wäre es da nicht besser, das Geld zu Hause zu lassen? Einen Sparstrumpf von seiner Oma hätte er ja schon.

Der Vorteil von Spareinlagen ist die hohe Sicherheit. Neben gesetzlichen Vorschriften installierten die Bankengruppen (private Banken, Sparkassen, öffentliche Banken und Genossenschaftsbanken) freiwillig zusätzliche Sicherungssysteme:

→ Private Banken verfügen über einen Einlagensicherungsfonds.

→ Sparkassen sichern sich mit einem Stützungsfonds ab.

→ Genossenschaftsbanken bieten den Garantiefonds.

Gemeinsames Merkmal aller Sicherungsfonds ist die Garantie, dass die Einlagen vor Untergang geschützt sind.

Merke: → Einlagen, die auf das Bankkonto geleistet werden, sind: Sicht-, Termin- und Spar-einlagen.

→ Sichteinlagen kennzeichnen die Gelder, die auf den Bankkonten eingezahlt und für den täglichen Zahlungsverkehr genutzt werden.

→ Als Geldanlageform dienen Termin- und Spareinlagen. Diese unterscheiden sich in der Dauer der Investition und der möglichen Kündigung.
Termineinlagen sind, wie der Name schon sagt, auf ein bestimmtes Enddatum terminiert. Spareinlagen haben hingegen einen langfristigen Charakter.

Vermögenswirksame Leistungen (VL)

Der Staat ist daran interessiert, den Wohlstand seiner Bürger und Bürgerinnen zu gewährleisten. Daher werden einige Sparformen von staatlicher Seite gefördert. Ein Beispiel dafür sind die vermögenswirksamen Leistungen.

> Herr Vitus hat ein Herz für seine Mitarbeiter und da ist es für ihn logisch, dass er seinen Arbeitnehmern neben den monatlichen Lohn- bzw. Gehaltszahlungen einen Beitrag zu ihren vermögenswirksamen Leistungen zahlt.
> Jeder seiner Arbeitnehmer spart selbst 20,00 € von seinem Lohn bzw. Gehalt an und Herr Vitus legt nochmals 20,00 € dazu. So kommt schon etwas zusammen. Und obendrauf fördert der Staat u. U. diese Anlageform zusätzlich. Das erscheint doch sinnvoll.

Vermögenswirksame Leistungen dienen der Vermögensbildung der Arbeitnehmer und sind zusätzlich für Geringverdiener durch eine steuerfreie Sparzulage gefördert.
Es handelt sich um eine tariflich oder einzelvertraglich vereinbarte **Arbeitgeberzuwendung** bis zu einer Höhe von 40,00 € monatlich bzw. 480,00 € jährlich.
Arbeitnehmer, die weniger als 40,00 € erhalten, können den Differenzbetrag zwischen vermögenswirksamer Anlage und dem Arbeitgeberanteil selbst übernehmen.

Infrage kommen Anlageformen mit einer **Laufzeit von nicht unter sieben Jahren**.
Dabei zahlt der Arbeitgeber im Rahmen der Lohn- und Gehaltsabrechnung sechs Jahre lang vermögenswirksame Leistungen auf die vom Arbeitnehmer gewünschte Anlage ein.
Nach einer einjährigen Sperrfrist (7. Jahr) erhält der Arbeitnehmer den verzinsten Betrag ausgezahlt.

Mögliche Anlageformen sind:

→ Aktienfonds

→ Bausparverträge

→ Lebensversicherungen

→ Sparverträge

Arbeitnehmer mit einem niedrigeren Einkommen werden, sofern sie als Anlage **Aktien- und Investmentfonds**, **Mitarbeiterbeteiligungen** oder einen **Bausparvertrag** gewählt haben, vom Staat je nach Anlageform zusätzlich unterstützt.
Demnach erhalten

→ Anleger mit Spareinlagen im Investmentbereich bei einer Einkommensgrenze von 20.000 € bei Alleinstehenden bzw. 40.000 € bei Verheirateten

→ Anleger in Bausparverträgen mit einer Einkommensgrenze von 17.900 € bei Alleinstehenden bzw. 35.800 € bei Verheirateten

eine **Arbeitnehmersparzulage** (Vermögensbildungsgesetz).

Bei der Anlage der vermögenswirksamen Leistungen in **Wertpapier- bzw. Aktienfonds** bzw. bei Mitarbeiterbeteiligungen beträgt die Förderung 20 % der vermögenswirksamen Leistungen. Der Höchstbetrag, der gefördert wird, ist gedeckelt auf maximal 400,00 €. Das bedeutet, wer mindestens 400,00 €/Jahr über vermögenswirksame Leistungen anspart, erhält von staatlicher Seite bis zu maximal 80,00 € dazu.

Werden die vermögenswirksamen Leistungen in einen **Bausparvertrag** eingezahlt, beträgt die Arbeitnehmersparzulage 9 %. Die Höchstförderungsgrenze liegt hier bei 470,00 €. Der Staat zahlt somit maximal 42,30 € dazu.

Staatliche Zulagen werden mittlerweile auch für die private Altersvorsorge gewährt.

Aufgaben

1. Herr Vitus möchte 50.000,00 € für maximal zwei Jahre anlegen.
   Recherchieren Sie im Internet, mit welcher Rendite er rechnen kann.

2. Fassen Sie die Infografik „Auf den Konten der Banken" zusammen.
   Gehen Sie dabei auf die Entwicklung der Einlagen bei den deutschen Kreditinstituten ein.

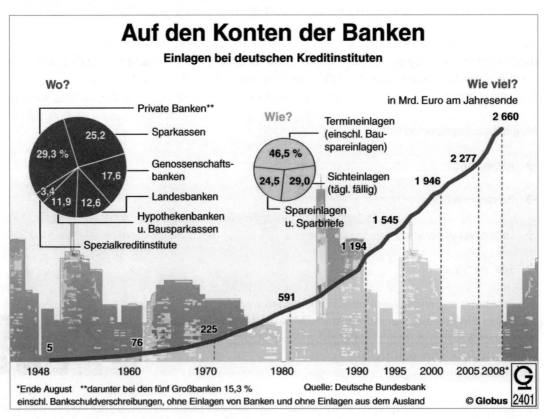

3. Stellen Sie eine These auf, worauf die Entwicklung aus Aufgabe 2. zurückzuführen ist.

4 Kapitalanlage in Wertpapieren

Wertpapiere üben auf Fridolin einen besonderen
Reiz aus. Viele Geschichten hat er schon darüber
gehört, wie man von heute auf morgen wohlhabend
werden oder auch alles verlieren kann.
So gerne würde er in diese Anlageform investieren.
Noch hat er ja die 5.000,00 € von Tante Trude. Wäre
es nicht reizvoll, mit diesem Geld an der Börse mit
Wertpapieren zu spekulieren?

Merke: Wertpapiere sind Urkunden, die dem Besitzer dieses Schriftstücks ein Vermögens-
recht verbriefen. Wer eine solche Urkunde sein Eigen nennt, hat demnach auch den
Anspruch, das einzufordern, was durch sie beurkundet wird.

In § 2 Wertpapierhandelsgesetz (WpHG) wird die Begriffsbestimmung geregelt.
Zu den Wertpapieren zählen demnach u. a.

→ Aktien,

→ Genussscheine,

→ Anteile an Investmentvermögen.

◼ 4.1 Unterscheidung nach der wirtschaftlichen Funktion von Wertpapieren

Unterscheidung der Wertpapiere nach ihrer wirtschaftlichen Funktion

... als Zahlungsmittel	... als Warenwertpapiere	... als Effekten
→ Scheck	→ Lagerschein	→ Aktien
→ Banknoten	→ Ladeschein	→ Anleihen
→ Wechsel	→ Konnossement	→ Genussscheine

Zahlungsmittel

Schecks und Banknoten räumen das Recht ein, diese als „Zahlungsmittel", und zwar mit dem Wert, der darauf vermerkt wurde, zu nutzen.

Warenwertpapiere

Sie verpflichten den Aussteller, die Waren an den Inhaber dieser Papiere auszuhändigen. Ein Konnossement ist ein Frachtbrief, der bei der Versendung der Waren auf dem Seeweg ausgestellt wird. Die Ware muss an den Inhaber des Konnossements ausgehändigt werden.

Effekten

Hierbei handelt es sich um Wertpapiere wie Aktien, Genussscheine und Optionsscheine, die am Kapitalmarkt gehandelt werden. Mit Besitz der Effekten ist auch ein Ertragsanrecht oder ein Anteilsrecht am ausgebenden Unternehmen verbunden.

■ 4.2 Nicht vertretbare und vertretbare Wertpapiere

Zu den **nicht vertretbaren Wertpapiere**n zählen Wechsel und Schecks, aber auch Schuld- oder Hypothekenbriefe. Sie können nicht untereinander ausgetauscht und dementsprechend auch nicht gehandelt werden.

Vertretbare Wertpapiere oder **Effekten**, wie z. B. Aktien, können im Gegensatz dazu gekauft und verkauft werden.

> **Merke:** Effekten sind handelbare Wertpapiere, die, sofern sie noch gedruckt ausgegeben werden, aus einem **Mantel** und einem **Bogen** bestehen.

Der Mantel ist die **Haupturkunde** und der Bogen besteht aus den **Coupons**.
Dies sind die Zins-, Dividenden- oder Gewinnanteilsscheine. Sie sind durchlaufend nummeriert und dienen als Nachweis für den Besitz des Mantels. Bei Zins-, Dividenden- oder Gewinnausschüttung wird der nächste Coupon abgetrennt und in der Regel der Bank vorgelegt. Diese zahlt daraufhin den fälligen Betrag aus.

Am unteren Ende des Bogens befindet sich der **Talon**, der Erneuerungsschein. Gegen Vorlage dieses Abschnitts wird ein neuer Bogen ausgestellt.

Heute werden Effekten nur noch in seltenen Fällen in Papierform ausgegeben.

Normalerweise werden Wertpapiere in einer zentralen Wertpapierdatei geführt. Anleger haben ein Wertpapierdepot, in dem die Effekten gehalten werden.

Die Wertpapiere sind mit einer weltweit eindeutigen Kennung gekennzeichnet, der **International Securities Identification Number (ISIN)**. In Deutschland ist häufig auch die **WKN (Wertpapier-kennnummer)** anzutreffen.

4.2.1 Gläubigerpapiere

Gläubigerpapiere sind ihrem Wesen nach **Schuldurkunden**. Derjenige, der sie ausstellt, verpflichtet sich, den erhaltenen Kredit mit einer entsprechenden Verzinsung zurückzuzahlen. Die Gläubiger-papiere verbriefen damit ein Forderungsrecht.

Sie werden hauptsächlich vom Staat, von Kreditinstituten oder von der Industrie ausgegeben. Diejenigen, die diese Gläubigerpapiere ausgeben, nennt man **Emittenten**.

Durch die Emission dieser Gläubigerpapiere verschaffen sich die Emittenten langfristiges Fremd-kapital zu einem vorher festgelegten Zinssatz.

Der Anleger (Gläubiger) hat einen Anspruch auf die Rückzahlung der Kreditsumme zum Zeitpunkt der Fälligkeit und auf Zahlung der festgelegten Zinsen.

Im Falle einer Insolvenz erfolgt die Befriedigung aus der Insolvenzmasse.

Gläubigerpapiere werden je nachdem, wer sie ausgibt, unterschieden z. B. in

→ Anleihen,

→ Pfandbriefe,

→ Kommunalobligationen,

→ Industrieobligationen.

Anleihen

Anleihen werden von Bund, Ländern und Gemeinden ausgegeben. Meist kommen sie zum Tragen, um größere Vorhaben, wie den Bau von Straßen, zu finanzieren. Die Sicherheit für diese Anleihen ist das Steueraufkommen des Staates.

Pfandbriefe

Pfandbriefe sind festverzinsliche Wertpapiere einer Hypotheken-bank oder eines Kreditinstitutes. Sie dienen dazu, als Kredite beispielsweise an private Wohnungskäufer ausgegeben zu werden. Eine Absicherung erfolgt durch Grundpfandrechte.

Kommunalobligationen

Dies sind ebenfalls festverzinsliche Schuldverschreibungen, die von Banken ausgegeben und u. a. als Darlehen den Kommunen zur Verfügung gestellt werden. Die Darlehen werden für Investitionen, wie den Bau von Schulen oder Kindergärten, genutzt.

Industrieobligationen

Industrieobligationen stellen ein alternatives Finanzierungsinstrument für Unternehmen gegenüber der Bank dar.
Sie sind dem Wesen nach Anleihen, die durch Grundpfandrechte abgesichert werden.

Bei den **festverzinslichen Wertpapieren** wird während der gesamten Laufzeit ein **fester**, zu Beginn vereinbarter Zins gewährt. Parallel dazu gibt es Wertpapierarten mit **variablem Zinssatz**, der an das Zinsniveau angepasst wird.

Die Laufzeiten der Anleihen gestalten sich höchst unterschiedlich. Sie reichen von einem bis zu über zehn Jahre. In vielen Fällen sind Anleihen am Wertpapiermarkt handelbar, sodass bereits vor Laufzeitende eine Veräußerung möglich ist.
Der Kauf- oder Verkaufskurs wird dabei in Prozent angegeben.

> Da Herr Vitus in eine riskantere Anlageform wechseln möchte, trennt er sich von seiner Bundesanleihe: 5.000,00 €, Laufzeit 10 Jahre, Verzinsung 7 %. Momentan liegt der Kurs bei 104,9 % und erwirtschaftet vor Gebühren (5.000,00 € · 104,9 % = 5.245,00 €) einen Gewinn von 245,00 €.

■ 4.2.2 Teilhaberpapiere

Im Gegensatz zu den Gläubigerpapieren, bei denen der Anleger zum Fremdkapitalgeber wird, erwirbt dieser bei den Teilhaberpapieren **Anteilsrechte** an einem Unternehmen und wird damit zum **Miteigentümer**.

Mit dem Erwerb einer solchen Aktie verbinden sich folgende Rechte:

→ Der Aktionär hat einen Anspruch auf Gewinnausschüttung in Form einer Dividende.

→ Der Aktionär kann auf der Hauptversammlung sein Auskunfts- und Stimmrecht ausüben.

→ Sollte das Unternehmen liquidiert werden, erhält der Aktionär einen Anteil am Liquidationserlös.

Stückaktie

Nennbetragsaktie

Stückaktien haben keinen Nennbetrag. Auf jede Aktie entfällt der gleiche Anteil am Unternehmen, je nachdem, wie viele Aktien ausgegeben werden.

Nennbetragsaktien weisen durch den Wert, der auf der Aktie steht, den Nennbetrag aus. Der Mindestwert beträgt 1,00 €. Die Anzahl der Aktien multipliziert mit ihrem Nennbetrag ergibt das Grundkapital der Aktiengesellschaft.

In der Regel stimmt der Betrag nicht mit dem **Kurswert** überein, da sich der Kurswert rein durch Angebot und Nachfrage bestimmt.

Stammaktie

Vorzugsaktie

Die oben genannten Anteilsrechte erhalten Aktionäre, die mit Stimmrechten behaftete Aktien, **sogenannte Stammaktien**, kaufen. Aktiengesellschaften können stattdessen auch **Vorzugsaktien** ausgeben. Mit dem Kauf von Vorzugsaktien verzichten Aktionäre auf ihr Stimmrecht und erhalten dafür im Gegenzug eine höhere Dividende.

Aktien können auch hinsichtlich der Art der Übertragung unterschieden werden in Inhaber- und Namens- bzw. vinkulierte Namensaktien.

Die Eigentümer von **Inhaberaktien** bleiben unerkannt. Die Übertragung erfolgt durch Einigung und Übergabe der Aktien ohne Eintrag auf der Aktie.

Inhaberaktie

Namensaktie

Bei den **Namensaktien** wird der Name des Aktionärs kenntlich gemacht. Die Übertragung erfolgt neben der Einigung und Übergabe durch Indossament (Eintrag des Namens) bzw. Löschung des alten Namens.

Bei der **vinkulierten Namensaktie** entscheidet die Aktiengesellschaft darüber, wer sie kaufen darf. Dies gibt der Aktiengesellschaft die Gewähr zu bestimmen, wer Aktionär beim Unternehmen wird. Diese Aktienform wird gerne von Familiengesellschaften gewählt.

■ 4.2.3 Sonderformen

Im Laufe der vergangenen Jahre entwickelte sich eine Fülle an weiteren Anlageformen, die an der
Börse gehandelt werden.
Wurde an der Börse zu früheren Zeiten hauptsächlich mit Rohstoffen gehandelt, ist sie mittlerweile
ein Tummelplatz für Spekulanten, die auf Kursentwicklungen „wetten" und somit die Weltwirt-
schaft beeinflussen.
Exemplarisch werden die Wandelanleihe, Optionsscheine und Investmentzertifikate vorgestellt.

Wandelanleihen

Wandelanleihen sind festverzinsliche Wertpapiere, die von Aktiengesellschaften ausgegeben werden. Neben dem Recht auf Rück- und Zinszahlung
wird dem Kapitalanleger die Möglichkeit eingeräumt, während der Laufzeit
die Wandelanleihe in ein Aktienpaket umzuwandeln.

Ist der Emittent die Aktiengesellschaft, kann damit der Wechsel von einer
Fremd- zur Eigenfinanzierung erfolgen.
Die Verzinsung von Wandelanleihen ist im Vergleich zu normalen Anleihen
geringer, da der Gläubiger dafür die Möglichkeit erlangt, Aktien oder
Anteilsrechte zu erwerben.

Optionsscheine

Optionsscheine verbriefen das **Bezugsrecht** auf ein Anlagegut, aber nicht das Anlagegut selbst. Dies können Aktien,
Währungen, Anleihen oder Edelmetalle sein.
Bis zu einem festgelegten Zeitpunkt kann der Anleger eine
bestimmte Anzahl von Aktien zu einem festen Kurs kaufen.

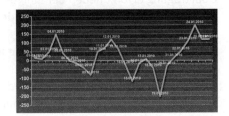

Diese Anlageform ist höchst spekulativ, zumal sie an der
Wertpapierbörse eigenständig gehandelt wird.
Steigen nach dem Erwerb von Optionsscheinen die Kurse, ist ein schneller Kapitalgewinn möglich.

Investmentzertifikate

Investmentzertifikate bezeichnen **Beteiligungen an Wertpapierfonds** von Banken oder Investmentgesellschaften. Durch den Kauf von Investmentzertifikaten wird man Anteilseigner am Fondsvermögen. Der Wert des Fonds wird von den Investmentgesellschaften täglich ermittelt und veröffentlicht.

Der Fonds enthält unterschiedliche Wertpapiere und Aktien aus verschiedenen Wirtschaftszweigen. Die Zusammensetzung soll eine Risikostreuung ermöglichen. Die einzelnen Fondspapiere werden durch die Bank bzw. die Investmentgesellschaft ausgesucht und verwaltet.

Der Kauf solcher Zertifikate hat Parallelen zum Erwerb von Aktien. Die Bank oder die Investmentgesellschaft erhält als Vermittlungsgebühr 1 % bis 5 % des Anteilswertes.
Für eine mögliche Verwaltungs- und Managementtätigkeit ist eine gesonderte Vergütung fällig.

Der Anleger erhält, wie bei den Aktien, eine **Dividende** bzw. den **Zinsertrag**. In der Regel werden diese wieder angelegt (Thesaurierung).
Will sich der Anleger von seinen Fondsanteilen trennen, muss das Kreditinstitut oder die Investmentgesellschaft diese wieder zurücknehmen.

Unter www.boerse-online.de können die Fonds und ihre Entwicklungen beobachtet werden. Grundsätzlich wird unterschieden in:

→ Aktienfonds

→ Immobilienfonds

→ Rentenfonds

→ Mischformen

Eine Besonderheit stellen **Dachfonds** dar, die nicht in Aktien oder andere Wertpapiere investieren, sondern in Fonds.

+ Vorteile von Investmentzertifikaten

→ Hohe Risikostreuung, da nicht nur in eine Anlage investiert wird

→ Hohe Professionalität, da ausschließlich Spezialisten die Auswahl und Verwaltung der Fonds übernehmen

→ Investition von kleinen Beträgen

— Nachteile von Investmentzertifikaten

→ Die Risikostreuung wird auf Kosten einer geringeren Rendite erreicht.

→ Höhere Aufwendungen aufgrund der Kosten für die Serviceleistungen der Kreditinstitute bzw. Investmentgesellschaften

→ Keinerlei Stimmrechte oder Einflussmöglichkeiten des Anlegers

Arbeitsauftrag:

Besuchen Sie die Internetseiten www.boerse-frankfurt.de. In der Rubrik „Audio und Video" wird eine große Vielfalt an Videos, Informationen und Infografiken angeboten, die Geldanlage und Geldanlageformen vorstellen.
Teilen Sie sich in Gruppen auf und stellen Sie die wichtigsten Inhalte Ihrer Recherche der Klassengemeinschaft vor.

5 Wertpapiergeschäfte

Fridolins Vater durfte während seiner Schulzeit einmal die Börse besuchen.
Das hektische Treiben, wild rufende und gestikulierende Makler – von dieser Atmosphäre schwärmt sein Vater noch heute. Fridolin kennt das Gefühl leider nur aus Filmen.
Heutzutage, weiß er, übernimmt die Hauptarbeit der Computer.

■ 5.1 Die Börse und ihre Teilnehmer

Die Börse reagiert sehr sensibel auf äußere Einflüsse. Wer diese z. B. während des Atomunfalls in Fukushima beobachtet hat, konnte bei vielen Unternehmen drastische Kursstürze verfolgen. Oftmals genügen jedoch schon kleine Gewinnwarnungen von Unternehmen, um für Turbulenzen an der Börse zu sorgen. Daher ist es sinnvoll, einen Blick hinter die Kulissen zu werfen.

■ 5.1.1 Die Märkte

Seit geraumer Zeit verfolgt Fridolin in der Zeitung die Börsennachrichten und versucht, sich durch seitenweise Kursentwicklungen zu kämpfen. Verstanden hat er sie jedoch nie so richtig. Ist ja auch schon fast schwindelerregend. Und warum sind vor jeder Börse ein Bulle und ein Bär zu sehen? Was haben denn Tiere damit zu tun?

Merke: Die Börse ist der Marktplatz, an dem Angebot und Nachfrage zusammentreffen und der Börsenpreis bzw. -kurs gebildet wird.

Synonyme für die Börse sind **Bulle** und **Bär**. Die Tiere repräsentieren die Entwicklung der Kurse. Steigende Kurse werden durch den Bullen ausgedrückt. Dem entgegen steht der Bär, der Symbol für fallende Kurse ist.

Der Parketthandel wird zusehends durch die elektronischen Handelsplattformen ersetzt. Ein bekanntes Handelssystem ist der **Xetra-Markt (Exchange Electronic Trading)**.
Während noch vor wenigen Jahren die Börsenmakler persönlich auf Zuruf über Angebot und Nachfrage die Preise festlegten, sitzen sie heute an PCs und nehmen die elektronischen Aufträge entgegen.

Außer der **Wertpapierbörse**, an der mit Aktien und festverzinslichen Wertpapieren gehandelt wird, existieren weitere Marktplätze:

→ **Terminbörse**
An der Terminbörse werden z. B. Optionen und Futures geschlossen, die sich auf Transaktionen in der Zukunft beziehen.

→ **Warenbörsen**
An den Warenbörsen werden z. B. Rohstoffe (Gold, Kupfer usw.) und landwirtschaftliche Produkte (Mais, Weizen usw.) gehandelt.

→ **Devisenbörsen**
Devisenbörsen sind Geschäftsfelder, die Währungen und deren Entwicklung zum Schwerpunkt haben.

Der Wertpapierverkehr findet je nach Form und Bedeutung der Anlagen an drei Handelsplätzen statt.

Amtlicher Markt

Hier werden nur **offiziell anerkannte Wertpapiere** abgewickelt. Man spricht hier von der höchsten und auch am strengsten regulierten Kategorie des Börsenhandels. Unternehmen, die am amtlichen Markt gelistet werden möchten, müssen umfangreiche und strenge Zulassungsbeschränkungen erfüllen.
Die **Kursfeststellung** erfolgt durch amtlich zugelassene **Skontroführer**.

Regulierter Markt

Zum geregelten Freiverkehr zählen Wertpapiere, die nicht zum amtlichen Handel zugelassen sind. Die Zulassungsvoraussetzungen sind dafür einfacher. Hier setzen freie Makler den Preis fest.

Ungeregelter Freiverkehr oder auch Telefonhandel

Hier finden Sie nicht börsenfähige Wertpapiere. Den An- und Verkauf führen Wertpapierhändler durch. Für diese Art von Geschäften gilt das Motto: je geringer die Reglementierung, umso gefährlicher das Angebot.
Wer beim ungeregelten Freiverkehr agieren möchte, sollte in jedem Fall gut informiert sein. So wurden beispielsweise Teilnehmer strafrechtlich verfolgt, die mit Beteiligungen an Aktiengesellschaften handelten, welche nur auf dem Papier existierten.

▌ 5.1.2 Die Teilnehmer

Nicht jedem ist der Börsenhandel erlaubt. Die Teilnehmer müssen einen Zulassungsprozess durchlaufen.

Geregelt ist dies in § 19 Abs. 1 des Börsengesetzes:
Zum Besuch der Börse, zur Teilnahme am Börsenhandel [...] ist eine Zulassung durch die Geschäftsführung erforderlich. (Hinweis: Angesprochen ist die Geschäftsführung der Börse.)

Autorisiert zum Wertpapierhandel sind **Skontroführer** und **Börsenhändler**.

Skontroführer

Der Skontroführer bündelt und vermittelt die Einkaufs- und Verkaufswünsche seiner Anleger und setzt den Preis fest, bei dem die meisten Ein- und Verkäufe abgewickelt werden können.

Dazu führt er das **Orderbuch**. Sämtliche eingehenden Aufträge werden hier gelistet, heute natürlich in digitaler Form. Er beobachtet das Geschehen auch international, nahezu durchgehend 24 Stunden.

Als selbstständiger Kaufmann erhält er für die Vermittlung der Transaktionen eine **Courtage** (Maklergebühr) in Höhe von 0,04 % bis 0,08 %.

Um als Skontroführer zugelassen zu werden, müssen sich die Personen einer eingehenden Prüfung hinsichtlich ihrer fachlichen und persönlichen Eignung unterziehen.

Zunehmend werden sie jedoch durch die elektronische Handelsplattform **Xetra-Markt** ersetzt. Hier werden vollelektronisch alle Ein- und Verkaufsaufträge, die von den berechtigten Händlern übermittelt werden, gegenübergestellt und miteinander verbunden. Auch beim Xetra-Markt gibt es wie bei den Skontroführern ein Orderbuch, welches jedoch für alle Teilnehmer einsehbar ist.

Börsenhändler

Börsenhändler, im Sprachgebrauch auch Börsenmakler genannt, handeln mit den Wertpapieren. Sie kaufen und verkaufen also. Zumeist sind sie Angestellte von Banken oder Wertpapierhandelsunternehmen.

Alle Unternehmen, die am amtlichen oder regulierten Markt gehandelt werden, müssen bestimmte Auflagen, sogenannte **Standards**, erfüllen.

Dazu zählen neben internationalen Rechnungslegungsvorschriften auch die Veröffentlichung und das Zugänglichmachen von relevanten Informationen für die Anbieter.

Für kleine und mittlere Unternehmen hat die Deutsche Börse einfache Richtlinien entwickelt, um ihnen den Zugang zum Kapitalmarkt zu erleichtern.

Börsenaufsicht

Die Börsenaufsicht wird von den einzelnen Börsen und den Wirtschafts- und Finanzministerien der Länder durchgeführt.

Oberstes Organ ist die Bundesanstalt für Finanzdienstleistungen (BaFin).

Sie wacht u. a. über

→ die Korrektheit der Preisbildung,

→ das Verhalten der Börsenteilnehmer,

→ die Einhaltung der Standards für den Handel an den einzelnen Märkten,

→ die Informationspolitik der Unternehmen,

→ das Verbot des Insiderhandels von Börsenmaklern (Insiderhandel = Nutzen von Informationen über die Marktsituation zum eigenen Vorteil).

Arbeitsauftrag:

Recherchieren Sie, welche Voraussetzungen bzw. Standards erfüllt sein müssen, um auf den einzelnen Märkten zugelassen zu werden.
Fassen Sie Ihre Arbeit in einer Mindmap zusammen.

5.2 Der Handel an der Börse

Fridolin hat Geschmack daran gefunden, an der Börse zu spekulieren.
Mittlerweile benutzt er das Onlinebanking auch für seine Wertpapiergeschäfte.
Er selbst kann nicht an der Börse ordern, sondern nur seine Bank. Sie gibt die entsprechenden Aufträge zum Kauf oder Verkauf von Effekten weiter.

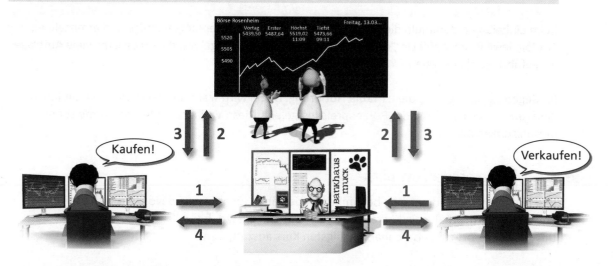

Kauf von Effekten (blau)

1. Der Anleger gibt der Bank den Auftrag zum Kauf von bestimmten Effekten.

2. Die Bank leitet den Auftrag an den Börsenmakler weiter.

3. Treffen Nachfrage und Angebot zusammen, werden die Effekten zum Börsenpreis vermittelt.

4. Abschließend wird das Konto des Käufers belastet und die Effekten werden im Wertpapierdepot gutgeschrieben.

Verkauf von Effekten (rot)

1. Der Anleger gibt der Bank den Auftrag zum Verkauf von bestimmten Effekten.

2. Die Bank leitet den Auftrag an den Börsenmakler weiter.

3. Treffen Angebot und Nachfrage zusammen, werden die Effekten zum Börsenpreis vermittelt.

4. Abschließend erfolgt die Gutschrift auf dem Konto des Verkäufers und die Effekten werden aus dem Wertpapierdepot gelöscht.

5.3 Der Börsenpreis

Fridolin interessieren die Aktien der Colibri AG. Er besuchte ihre Internetseite, wälzte die Geschäftsberichte und auch vonseiten der Börsenexperten wurde die Empfehlung „kaufen" gegeben.
Nachdem er die WKN ermittelt hat, möchte er nun eine Aktie kaufen.
Die nächste Frage, die sich ihm stellt, ist: zu welchem Kurs?
Soll er zur Einheitsnotierung oder zu einer variablen Notierung kaufen?

Beim **Einheitskurs** sammeln die Börsenmakler die Kauf- und Verkaufsaufträge und ermitteln einmal am Tag, jeweils um 12:00 Uhr, den Börsenkurs. Er wird so festgelegt, dass möglichst viele Aufträge ausgeführt werden können.

Im Gegenzug dazu gibt es die **variable Notierung**. Dabei wird während der Börsenzeit mit jedem Kauf- und Verkaufsauftrag der Börsenpreis festgelegt. Diese Variante findet man zumeist bei umsatzstarken Aktien.

5.3.1 Die Sprache an der Börse

Will ein Anleger unbedingt eine bestimmte Aktie haben, unabhängig davon, wie sich der Kurs entwickeln wird, erhält sein Kaufauftrag den Zusatz **billigst**, d. h.:
Der Kauf ist sofort zum erreichbar günstigsten Kurs auszuführen.

Will der Anleger unbedingt verkaufen, fügt er den Zusatz **bestens** an, d. h.:
Der Verkauf ist möglichst sofort zum erzielbar besten Kurs auszuführen.

Der Anleger könnte allerdings auch über den Zusatz **limitiert** den Auftrag vorgeben, d. h.:
Er gibt seinem Kreditinstitut vor, bis zu welchem Kurs es gehen darf.
Bei Kauf- und Verkaufsaufträgen wird eine Ober- (bei Kauf) bzw. Untergrenze (bei Verkauf) als Limit vorgegeben.

Merke: Wurden Transaktionen durchgeführt, erfolgen zusätzlich zum Börsenpreis weitere Informationen, sogenannte **Kurszusätze**.
Anhand dieser Auskünfte kann der Anleger Daten über die Markt- bzw. Nachfragesituation erhalten. Sie dienen der besseren Transparenz.

B, P	**Briefkurs, gestrichenes Papier**: Es kam kein Umsatz zustande; es sind nur Angebote vorhanden, jedoch herrscht keine Nachfrage.
b	**bezahlt**: Alle „bestens"-Kaufaufträge und alle „billigst"-Verkaufsaufträge wurden ausgeführt.
bB, bP, bzB	**bezahlt und Brief, bezahlt und Papier**: Alle Kaufaufträge konnten durchgeführt werden. Es besteht ein Überhang an Verkaufsangeboten.
bG, bg, bzG	**bezahlt und Geld**: Alle Verkaufsaufträge wurden bedient. Es besteht ein Überhang an Kaufaufträgen.
G	**Geldkurs**: Es kam kein Umsatz zustande, nur Nachfrage war vorhanden.
exD	**ohne Dividende**: Dies ist der erste Kurs nach Gewinnausschüttung.
	usw.

■ 5.3.2 Die Bildung des Börsenpreises

Fridolin ist sehr gespannt, mehr darüber zu erfahren, wie sich auf Basis der Kauf- und Verkaufswünsche der Börsenpreis bildet. Auch ist ihm nicht ganz klar, welche Strategie er beim Effektenhandel verfolgen soll. Er hat schon die tollsten Dinge gelesen: bei Kursfall → kaufen, bei Kursanstieg → verkaufen. Er hat das Ganze aber auch schon umgekehrt gehört.

Seine Nachbarin Frau Schmidt legt ihr Geld auch in Aktien an.

Sie rät ihm: „Also Fridolin, ich schwöre ja darauf, den Wirtschaftsteil der Tageszeitung durchzusehen. Hier kannst du analysieren, welche neuen Entwicklungen zu erwarten sind.

Fridolin: „Haben Sie auch schon einmal Pech gehabt?"

Frau Schmidt: „Tja, natürlich. Dass du mich daran erinnern musst! Vor einem halben Jahr meldete ein wirklich vielversprechendes Unternehmen in der IT-Branche Insolvenz an. Der Kurs ist seitdem im Keller. Da habe ich ganz schön viel Geld verloren."

Die Börsenpreisfestsetzung durch den Skontroführer

Im Orderbuch sammelt der Skontroführer alle Kauf- und Verkaufswünsche.

Beispiel:

 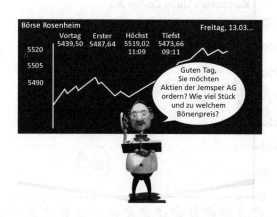

Verkäufer	Stückzahl	bei Kurs		Käufer	Stückzahl	bei Kurs
Emil	10 St.	310,00 €		Bibi	130 St.	310,00 €
Fritzi	70 St.	350,00 €		Chiri	100 St.	350,00 €
Gisi	90 St.	355,00 €		Dodo	70 St.	355,00 €

Danach stellt er fest, bei welchem Preis sich die größten Übereinstimmungen ergeben und legt diesen offiziell zu Buche.

Preis	Stückzahl Verkäufer	Stückzahl Käufer	Mögliche Verkäufe
310,00 €	10 St.	300 St.	10 St.
350,00 €	80 St.	170 St.	80 St.
355,00 €	170 St.	70 St.	70 St.

Bei einem Kurs von 310,00 €/St. würden sowohl Bibi, Chiri als auch Dodo zuschlagen.
Die Nachfrage beläuft sich auf 300 St.

Vonseiten der Verkäufer wäre jedoch nur Emil bereit, zu diesem Börsenpreis 10 St. seiner Aktien zu verkaufen.
Bei einem Kurs von 355,00 €/St. stellt sich die Konstellation jedoch umgekehrt dar.
Zu diesem Preis besteht ein Verkaufsangebot von 170 St. Und nebenbei bemerkt veräußern Emil und Fritzi selbstverständlich ebenfalls lächelnd bei einem höheren Preis, denn wer würde nicht gerne mehr Gewinn erwirtschaften.
Zu diesem Preis besteht eine Nachfrage von 70 St.

Beim Börsenpreis von 350,00 € kaufen sowohl Chiri als auch Dodo.
Somit liegt die Nachfrage bei 170 St. Das Angebot liegt jedoch bei 80 St.
Dieser Preis trifft schlussendlich die größtmögliche Übereinstimmung.

Die Börsenpreisbildung aufgrund von Unternehmensentwicklungen

Es ist verständlich, dass Nachrichten über die erwartete Ertragskraft des Unternehmens oder Veränderungen hinsichtlich strategischer Entscheidungen die Kurse beeinflussen, da Anleger unverzüglich darauf reagieren und ihre persönliche Anlagestrategie dahingehend anpassen.

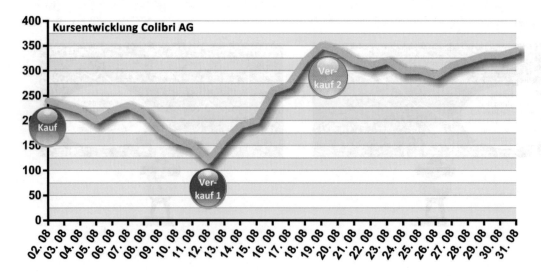

Fridolin kaufte am 02.08... 100 Colibri-Aktien zu einem Börsenpreis von je 250,00 €.
250,00 € · 100 St. = 25.000,00 €.
In Gedanken spielt er mögliche Verkaufsszenarien durch.

Szenario 1: Verkauf am 12.08... zu einem Börsenpreis von 117,00 €.
117,00 € · 100 St. = 11.700,00 € → 11.700,00 € – 25.000,00 € = –13.300,00 € (Verlust)

Szenario 2: Verkauf am 19.08... zu einem Börsenpreis von 358,00 €.
358,00 € · 100 St. = 35.800,00 € → 35.800,00 € – 25.000,00 € = 10.800,00 € (Gewinn)

Wichtiger Hinweis: Bankprovision (Spesen ca. 1,5 %) und Maklercourtage (0,04 bis 0,08 % pro Transaktion) werden hier nicht betrachtet.

Ursachen für die Börsenpreisentwicklung

Der Börsenpreis kommt durch das Aufeinandertreffen von Angebot und Nachfrage zustande. Bereits kleinste Veränderungen führen zu einem Kursausschlag.

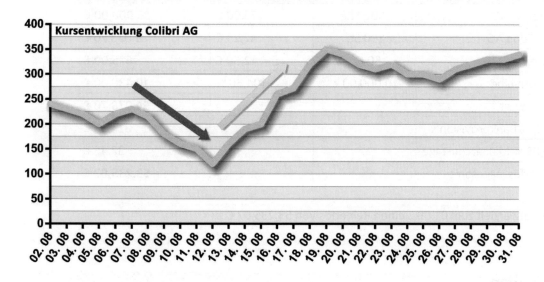

Gründe für **Kursschwankungen** können z. B. sein:

→ konjunkturelle Entwicklungen

→ Unternehmensveränderungen (Fusion usw.)

→ Aussicht auf Dividendenzahlung

→ Ad-hoc-Mitteilungen, Rückrufaktionen usw.

→ Bekanntgabe der Geschäftszahlen

→ Gerüchte oder Skandale

→ Analyseberichte von Banken

→ Verlagerung auf andere Anlageformen

Bei der Analyse der Kursentwicklung muss unterschieden werden, ob es sich um langfristige Entwicklungen oder um kurzfristige Erscheinungen handelt.
Ob sich ein Anleger von seinen Effekten trennt oder ob er welche zukaufen möchte, hängt zusätzlich von der individuellen Situation ab.

Beispiel:

Herr Ratz kann nicht anders. Wegen finanzieller Engpässe muss er sich von seinem Aktien-depot trennen. Am 01.09… stellt sich der Bestand seines Aktiendepots wie folgt dar.

	Stückzahl/ Nennwert	Aktueller Kurs 01.09…	Anschaffung
Shop-ing AG	500 St.	70,00 €	10.11.2005: 32,50 €
Asia Food AG	190 St.	42,23 €	09.01.2008: 41,20 €
Tec-nic AG	50 St.	12,50 €	10.03.2007: 17,20 €
BRD-Anleihe	10.000,00 €	104,30 €	01.05.2007

Herr Ratz überprüft den aktuellen Wert seines Depots.

Würde er dieses zum jetzigen Zeitpunkt auflösen, ergäbe sich unter Berücksichtigung einer Bank-provision in Höhe von 1,5 % und einer Maklercourtage von 0,06 % folgender Reinerlös:

	Stückzahl/ Nennwert	Aktueller Kurs 01.09…	Summe
Shop-ing AG	500 St.	70,00 €	35.000,00 €
Asia Food AG	190 St.	42,23 €	8.023,70 €
Tec-nic AG	50 St.	12,50 €	625,00 €
BRD-Anleihe	10.000,00 €	104,30 %	10.430,00 €
Depotwert			**54.078,70 €**
– 1,5 % Bankprovision			811,18 €
– 0,06 % Maklercourtage			32,45 €
Reinerlös insgesamt			**53.235,07 €**

Herr Ratz erzielt zum 01.09… einen Reinerlös von 53.235,07 €.

Aufgaben

Herr Vitus hat einen Teil seines Privatvermögens in Aktien angelegt. Da er beabsichtigt, in seinem Unternehmen eine Erweiterungsinvestition durchzuführen, möchte er sich von einem Aktienpaket trennen, um eine Privateinlage in Höhe von mindestens 50.000,00 € leisten zu können.

Sein Wertdepot enthält folgende Aktien:

	Stückzahl/ Nennwert	Anschaffung
Motorilli AG	600 St.	13.09.2008: 32,50 €
Stahl Still AG	240 St.	10.03.2008: 95,00 €
IT-Solo AG	216 St.	02.05.2007: 134,25 €
Colibri AG	90 St.	30.12.2009: 280,00 €

1. Beschreiben Sie, wie Herr Vitus vorgehen muss, wenn er seine Aktien verkaufen möchte.

2. Im Onlineportal seiner Bank erhält er folgende Angaben über die kurzfristige Kursentwicklung seiner Aktien:

	Motorilli AG	Stahl Still AG	IT-Solo AG	Colibri AG
20.09...	79,93 €	108,32 €	112,02 €	278,65 €
21.09...	83,89 €	110,65 €	111,98 €	280,02 €
22.09...	90,00 €	112,52 €	111,99 €	284,23 €
23.09...	93,00 €	112,55 €	112,08 €	287,32 €

a) Ermitteln Sie den momentanen Wert des Depots.

b) Stellen Sie mögliche Kursgewinne bzw. Kursverluste in einem Excel-Diagramm dar.

3. Herr Vitus hat zusätzlich eine Übersicht über die Langzeitentwicklung der Aktien erhalten.

a) Bewerten Sie die folgenden Diagramme:

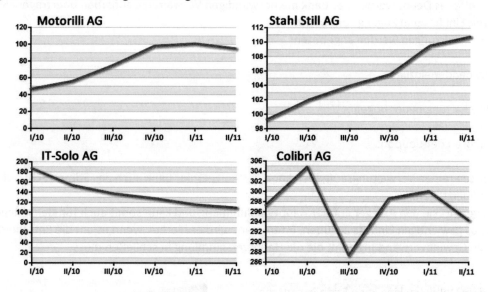

b) Unterbreiten Sie einen Vorschlag, von welchen Aktien sich Herr Vitus trennen soll, und berechnen Sie seine zu erzielenden Erlöse.

4. Erklären Sie die Bedeutung der Abkürzungen hinter den Kurswerten.
Motorilli AG   93,00 b
Stahl Still AG   112,55 G
IT-Solo AG   112,08 bG
Colibri AG   287,32 bB

■ 5.4 Wertdepot

Fridolin hat seine ersten „Gehversuche" hinter sich und einen guten Überblick über seine Wertpapiere. Die Bank verwaltet seine Effekten in einem Depot. Da die Wertpapiere mit der ISIN bzw. mit WKN eindeutig identifiziert sind, kann das Eigentum jederzeit zugeordnet werden.

Die Banken bieten zur Verwahrung der Effekten entsprechende Depots an. Auf Wunsch werden dabei noch zusätzliche Serviceleistungen unterbreitet, um dem Anleger die Wertpapiergeschäfte so komfortabel wie möglich zu gestalten. Man unterscheidet **geschlossene** und **offene Depots**.

Geschlossenes Depot

Im geschlossenen Depot werden die Effekten nur aufbewahrt. Die Bank übernimmt keine Verwaltung der Wertpapiere und hat auch keinen Einblick.

Offenes Depot

Für ein offenes Depot werden der Bank die notwendigen Verwaltungsaufgaben übertragen. Sie hat jederzeit Einblick und Zugang zum Depot.
Als Serviceleistungen werden angeboten:

→ Dividendeneinzug

→ Beschaffung neuer Bogen

→ Einlösen der Coupons

Neben den reinen Verwaltungsaufgaben kann der Anleger der Bank auch das **Stimmrecht** auf die Aktien übertragen.
Damit vertritt sie den Anleger auf der Hauptversammlung und kann somit auch für Kleinanleger durchaus gewichtigen Einfluss ausüben. Interessant wird es hierbei, wenn es um die Entscheidung über die Gewinnverwendung geht, die die Hauptversammlung beschließen muss.

Mit dem Onlinebanking kann Fridolin sehr einfach auf sein Wertpapierdepot zugreifen und von dort aus auch sämtliche Transaktionen in die Wege leiten.
In den verschiedenen Eingabemasken kann er die einzelne Order zu den Konditionen hinterlegen, die ihm optimal erscheinen.

Auf Demokonten, die viele Geldinstitute zum Kennenlernen anbieten, erhalten Sie einen Überblick über die Möglichkeiten, die die Banken den Anlegern zur Verfügung stellen.

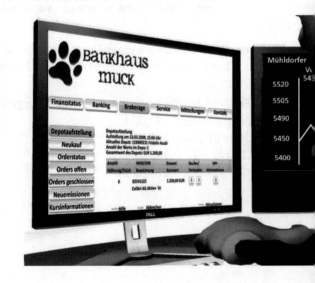

Aufgaben

1. Recherchieren Sie die Anzahl der DAX-Unternehmen, die in München angesiedelt sind. Diskutieren Sie die Gründe der Standortwahl und den Zusammenhang mit München als eine der teuersten Städte Deutschlands.

2. Informieren Sie sich auf der Seite www.boerse.ard.de/Archiv/weltwirtschaft.jsp?go=krisen im interaktiven Modell der Weltwirtschaftskrisen.
   Erarbeiten Sie in Gruppenarbeit die Kennzeichen folgender geschichtlicher Ereignisse:

   → 1637 – Tulpenkrise in Holland

   → 1836 – Eisenbahnblase und Baumwollfieber

   → 1857 – Die erste Weltwirtschaftskrise

   → 1873 – Nach dem Gründerboom der Gründerkrach

   → 2000 – Die Internetblase

   → 2007 – Die Immobilienblase platzt

   a) Stellen Sie Ihre Erkenntnisse der Klasse vor und diskutieren Sie Parallelen.

   b) Erstellen Sie hierzu ein Plakat über die Gesetzmäßigkeiten und Auslöser dieser Krisen.

3. Recherchieren Sie auf den Seiten des Bundesbankenverbandes, wie viele Wertpapierdepots die Deutschen besitzen.
   Erstellen Sie zusätzlich eine Grafik, welche Anlageformen und in welchem Volumen die Wertpapiere gehalten werden.
   Führen Sie Argumente für die Wahl der beliebtesten Anlageform an.

6 Aktienindizes

Der **Aktienindex** ist das „Maß" für die Kursentwicklung. Dabei wird nicht nur ein Kurs betrachtet, sondern mehrere Unternehmen werden zu einer Gruppe zusammengefasst.

Bekannteste Gruppe ist der **DAX 30** (Deutscher Aktienindex). Er spiegelt die Entwicklung der 30 größten und umsatzstärksten, an der Frankfurter Wertpapierbörse gelisteten deutschen Unternehmen wider.

Die Zusammensetzung des DAX 30 wird von Jahr zu Jahr aktualisiert. Die DAX-30-Unternehmen halten mehr als 60 % des Grundkapitals und generieren über 75 % der Börsenumsätze.

Neben dem DAX 30 existieren noch weitere Aktienindizes, wie aus der unteren Abbildung ersichtlich ist.

Die DAX-Familie
Kriterien für die Aufnahme in einen Aktienindex

● **Handelsumsatz:** Volumen der Aktienkäufe
● **Marktkapitalisierung:** Anzahl der frei handelbaren Aktien mal Kurswert (= Börsenwert)

DAX
30 Werte
Die Unternehmen gehören bei beiden Kriterien zu den größten Unternehmen in Deutschland

MDAX
50 Werte (bislang: 70 Werte)
Die Unternehmen gehören nach beiden Kriterien zu den 60 größten Unternehmen unterhalb des DAX (In- u. Ausland, klassische Branchen)

SDAX
50 Werte
Unternehmen gehören zu den 110 größten Unternehmen unterhalb des DAX (In- und Ausland, klassische Branchen)

TecDAX
30 Werte
Die Unternehmen aus dem In- und Ausland gehören nach beiden Kriterien zu den 35 größten **Technologieunternehmen** unterhalb des DAX

8400 © **Globus** Quelle: Deutsche Börse

Als Pendant auf europäischer Ebene ist der **Euro Stoxx 50** ein bedeutender Index. Aufgenommen sind darin 50 börsennotierte Unternehmen Europas. Weltweit von Bedeutung sind der **Dow Jones** und der **Nikkei-Index**.

Zusammenhängende Fallaufgabe

Unternehmensbeschreibung

Firma	Rondolla Musica GmbH
Geschäftssitz	Sonnenstraße 17 95448 Bayreuth
Telefon	0921 700103-6
Fax	0921 700103-19
Internet	www.rondollo-musica.de
E-Mail	info@rondolla-musica.de
Gesellschafter	Fritz Heidn Jeanette Motzart Claudia Schopin
Einlagen	Fritz Heidn 400.000,00 € Jeanette Motzart 200.000,00 € (seit 01.01.2008) Claudia Schopin 100.000,00 € (seit 01.01.2008)
Gegenstand des Unternehmens	Handel mit Musikinstrumenten
Umsatz	Vorjahr: 4.050.095,00 € Aktuelles Jahr: 5.319.182,00 €
Gewinn	Vorjahr: 184.000,00 € Aktuelles Jahr: 424.000,00 €
Verbindlichkeiten	Langfristig: 395.000,00 € (Fremdkapitalzinsen: 30.625,00 €)

Verkürzte GuV und Bilanz

Soll	GuV		Haben
Σ Aufwendungen	5.272.277,00 €	UE HW	5.319.182,00 €
Eigenkapital	424.000,00 €	Σ sonstige Erträge	377.045,00 €
	5.696.277,00 €		5.696.277,00 €

Aktiva	Rondolla Musica GmbH 31.12...		Passiva
Bebaute Grundstücke	250.000,00 €	Eigenkapital	1.254.500,00 €
Betriebsgebäude	756.980,00 €	Darlehen	395.000,00 €
Fuhrpark	135.000,00 €	Verbindlichkeiten aus L. u. L.	82.045,00 €
BGA	124.265,00 €		
Handelswaren	235.100,00 €		
Forderungen aus L. u. L.	141.200,00 €		
Bank	81.000,00 €		
Kasse	8.000,00 €		
	1.731.545,00 €		1.731.545,00 €

Im Vorjahr haben sich die drei Gesellschafter zu einer GmbH zusammengeschlossen. Aus drei kleineren Musikgeschäften wuchs ein mittlerweile sehr bedeutendes Unternehmen, das vor Kurzem in eigene Räume in der Sonnenstraße 17 in Bayreuth einzog.

1. Herr Heidn, Frau Motzart und Frau Schopin waren vormals Kontrahenten.
   Beschreiben Sie drei Motive, die für den Zusammenschluss der Unternehmen ausschlaggebend sein konnten.

2. Erklären Sie, um welche Form des Zusammenschlusses, nach Produktionsstufe gesehen, es sich hier handelt.

3. Zum Zeitpunkt des Zusammenschlusses der Rondolla Musica GmbH wurden die Schlagzeilen durch ein spektakuläres Ereignis bestimmt. Die Kartellbehörden hatten ein Wurst-Kartell wegen illegaler Preisabsprachen zu einem Bußgeld in Höhe von 95 Mio. Euro verurteilt.

   a) Frau Motzart stellte sich damals die Frage, ob die Fusion der Drei auch unter das Kartellverbot fallen würde.
   Nehmen Sie Stellung zu ihren Bedenken.

   b) Nennen Sie neben dem Preiskartell zwei weitere Kartellarten.

4. Die drei Gesellschafter hatten bei der Fusion lange darüber diskutiert, welche Rechtsform wohl die günstigere Konstellation darstelle. Anfänglich präferierten sie die Rechtsform der OHG.
   Vor allem die klaren Regelungen in puncto Gewinn- und Verlustbeteiligung fanden die Gesellschafter sehr attraktiv.
   Ermitteln Sie auf Basis des Gewinns des aktuellen Jahres, wie sich die Ausschüttung an die Gesellschafter im Falle einer OHG ergeben hätte.

5. Die ehemals drei Kontrahenten entschieden sich für die Rechtsform „GmbH".

   a) Erläutern Sie zwei Gründe, die dafür gesprochen haben könnten.

   b) Erklären Sie, welche Formalitäten bei der Gründung der GmbH eingehalten werden müssen.

6. Das Unternehmen hat mit dem Neubau des Geschäftsgebäudes auch die Verkaufsräume neu konzipiert und die träge EDV-Anlage durch eine moderne und leistungsfähige Computerlandschaft ersetzt. Die Aufwendungen für den Neubau samt Ausstattung beliefen sich auf 1.006.980,00 €.
   Für die ausrangierten Büromöbel sowie die Einrichtung der alten Verkaufsräume konnten die Gesellschafter 150.000,00 € erlösen. Diese Summe steht dem Unternehmen als Einlage wieder zur Verfügung. Auf eine Gewinnausschüttung wurde zugunsten des Neubaus verzichtet. Da die Eigenmittel zu gering waren, nahmen die Gesellschafter zusätzlich ein Darlehen in Höhe von 350.000,00 € auf.

   a) Führen Sie an, um welche Investitionsformen es sich hier handelt.

   b) Ordnen Sie zu, aus welchen Finanzierungsformen (Eigen-, Fremd-, Außen- bzw. Innenfinanzierung) die Deckung der Investitionssumme erfolgte.

7. Vor der Gewährung des Kredits erfolgte vonseiten des Bankhauses Muck eine Überprüfung der Kreditwürdigkeit.
   Erläutern Sie, welche Kriterien das Geldinstitut in seine Prüfung miteinbezieht.

8. Der Kundenbetreuer Herr Arit Metica erbat sich für die tiefergehende Prüfung die Daten der beiden vergangenen Geschäftsjahre.
Folgende Kennzahlen sind für Herrn Metica ausschlaggebend:

→ Umsatzrentabilität

→ Eigenkapitalrentabilität

→ Eigenkapitalquote

→ Finanzierung

→ Anlagendeckung I

→ Liquidität 2. Grades

a) Erklären Sie die Bedeutung der aufgeführten Kennzahlen und berechnen Sie diese.

b) Ein weiterer Aspekt der Betrachtung ist die „Goldene Bilanzregel".
Beschreiben Sie am Beispiel der Rondolla Musica GmbH die Wichtigkeit dieser Regel.

9. Die Laufzeit des Darlehens beträgt fünf Jahre mit einem Zinssatz von 3,5 %. Mit der Bank einigte man sich auf ein Abzahlungsdarlehen.
Beschreiben Sie diese Form des Darlehens und stellen Sie einen Rückzahlungsplan auf.

10. Das Bankhaus Muck fordert eine Absicherung des Kredits. Es gibt unumwunden zu, ein Problem mit der Rechtsform zu haben.

a) Erklären Sie, worin die Bank die Schwierigkeiten sieht.

b) Herr Metica schlägt vor, dass die Gesellschafter eine gesamtschuldnerische Bürgschaft oder eine Globalzession gewähren sollen.
Beschreiben Sie die unterschiedlichen Sicherheiten.

11. Unter den Gesellschaftern ist ein kleiner Disput ausgebrochen.
Da die Geschäftsentwicklung für das kommende Jahr eine deutliche Steigerung erwarten lässt, überdenken sie ihre künftige strategische Ausrichtung.
Herr Heidn erwartet aus der Geldanlage eine möglichst hohe Rendite. Frau Motzart hingegen möchte das Geld möglichst sicher anlegen.

a) Erklären Sie an konkreten Anlageformen, worin der Konflikt besteht.

b) Frau Schopin schlägt die Anlage auf dem Bankkonto vor.
Skizzieren Sie eine sinnvolle Variante ihres Wunsches.

12. Aus dem Verkauf eines Teils des Firmengrundstückes erzielte das Unternehmen 100.000,00 €, die nun in Effekten angelegt werden sollen.

a) Erklären Sie, was man unter Effekten versteht.

b) Herr Heidn erinnert sich, in der mündlichen Abschlussprüfung in Betriebswirtschaft nach den Bestandteilen von Effekten befragt worden zu sein. Damals wie heute hat er keine Antwort parat.
Helfen Sie ihm.

c) Bei den Wertpapieren, die gekauft wurden, handelt es sich um Investmentzertifikate.
Führen Sie die unterschiedlichen Möglichkeiten an, in solche Papiere zu investieren.

13. Während der Mittagspause legt Frau Motzart ihren Kollegen den folgenden Zeitungsartikel vor:

> <u>Der Anleihe-Markt zieht wieder an – Gläubigerpapiere sind im Kommen!</u>
>
> In Zeiten, in denen Banken mit Krediten äußerst zurückhaltend agieren, haben Unternehmen eine alte Finanzierungsart wiederentdeckt. Immer mehr Firmen bieten Unternehmensanleihen an und sichern sich so die Liquidität, um notwendige Investitionen tätigen zu können. Auch der Staat beschafft sich über Staatsanleihen das notwendige Kapital. Nutznießer sind die Anleger, die eine äußerst sichere und lukrative Alternative zum herkömmlichen „investment of money" erhalten.

a) Konkretisieren Sie, was man unter Gläubigerpapieren versteht.

b) Führen Sie an, welche Rechte mit diesen verbunden sind.

14. Bereits vor einem Jahr hat Frau Motzart privat 500 Aktien der Space Travel AG gekauft. Sie bezahlte 193,00 €/Aktie. Das Unternehmen Space Travel AG wird an der Wertpapierbörse gehandelt. In der Tabelle ist die Kursentwicklung des Monats November dargestellt. Folgende Nachrichten wurden im Laufe dieses Monats über die Space Travel AG vermeldet:

09.11...	Die Vorbereitungen für den ersten Touristen-Weltraumflug sind im Plan.
13.11...	Der Countdown hat begonnen. Die ersten Touristen fliegen ins All.
14.11...	Der Start des Touristenflugs verlief reibungslos.
15.11...	5.000 Anmeldungen innerhalb von 24 Stunden. Das Geschäftsmodell greift.
21.11...	Nach Rückkehr klagen Touristen über körperliche Beschwerden.
22.11...	Interview mit Astronaut Steven Flyer: „Touristen haben nicht die notwendige Konstitution für solche Flüge."
25.11...	Aufgeklärt: Beschwerden der Reisenden kamen von verdorbenen Lebensmitteln.

Da Frau Motzart dringend liquide Mittel benötigt, möchte sie sich von ihren Aktien trennen. Sie gibt dem Bankhaus Muck den Verkaufsauftrag, ab 01.11... mit einem Limit von 230,00 € zu verkaufen.

	Kurs Space Travel AG	Kurszusatz		Kurs Space Travel AG	Kurszusatz
03.11...	156,00 €	B	17.11...	259,00 €	b
04.11...	165,00 €	B	18.11...	235,00 €	bG
05.11...	173,00 €	b	19.11...	210,00 €	b
06.11...	175,00 €	G	20.11...	200,00 €	bB
07.11...	187,00 €	G	21.11...	185,00 €	bB
08.11...	189,00 €	G	22.11...	140,00 €	bG
09.11...	210,00 €	bG	23.11...	135,00 €	bG
10.11...	214,00 €	bG	24.11...	180,00 €	G
11.11...	231,00 €	B	25.11...	190,00 €	B
12.11...	228,00 €	bB	26.11...	200,00 €	B
13.11...	245,00 €	b	27.11...	210,00 €	bB
14.11...	284,00 €	bG	28.11...	220,00 €	bB
15.11...	265,00 €	bG	29.11...	235,00 €	bB
16.11...	255,00 €	G	30.11...	220,00 €	bG

a) Nehmen Sie zu der Kursentwicklung der Space Travel AG Stellung.

b) Führen Sie weitere Ereignisse an, die die Kursentwicklung beeinflussen können.

c) Stellen Sie fest, zu welchem Zeitpunkt die Bank den Verkaufsauftrag ausgeführt hat.

d) Ermitteln Sie den Auszahlungsbetrag. Das Bankhaus verlangt 1,2 % Courtage und 0,62 % Bearbeitungsgebühr.

e) Beschreiben Sie die Kurszusätze vom 08.11..., 11.11... und 12.11...

15. Frau Motzart kann die Anweisungen bequem online durchführen. In ihrem offenen Wertpapierdepot hat sie dabei stets den Überblick über ihre Anlagen.
Erklären Sie, welche Vorteile ein offenes Wertpapierdepot noch bietet.

Index

Betriebswirtschaft für Wirtschaftsschulen

Index

Bildquellenverzeichnis

S. 47, Jalopnik's Who Owns Who © Jalopnik

S. 66, Globale Handelsströme © Globus

S. 132, Auf den Konten der Banken © Globus

S. 152, Die DAX-Familie © Globus